MIX
Papier aus verantwortungsvollen Quellen
Paper from responsible sources
FSC® C105338

Für meine Freundin Heike Luise Wagner

SensatioZell

Radolfzeller Geschichten

CLAUDIA BIGNION

© 2017, Dr. Claudia Bignion
Cover: Jan Fride Wolbrandt,
www.lambadalabor.de
Lektorat: Dr. Dr. Karin Juchems-Hochban, Achim Brandt, Rainer Obrowski

Verlag: BoD- Books on Demand, Norderstedt
ISBN: 9 783743 111394 (Paperback)
ASIN: B06WW22KDB (e-Book)

Das Werk einschließlich seiner Teile ist Urheberrechtlich geschützt. Jede Verwertung ist ohne Zustimmung des Verlags und des Autors unzulässig. Dies gilt insbesondere für die elektronische oder sonstige Vervielfältigung, Übersetzung und öffentliche Zugänglichmachung.

Bibliographische Information der Deutschen Nationalbibliothek:
Die Deutsche Nationalbibliothek verzeichnet diese Publikation in der deutschen Nationalbibliographie; detaillierte bibliographische Daten sind im Internet über http://dnb.dnb.de abrufbar.

Vorwort

„Radolfzell ist ein langweiliges Nest. Im Prinzip ist hier nichts los." Das waren ernsthaft die Worte einer Frau, welche seit fast 40 Jahren in Radolfzell wohnt. Hätte ich nicht angeschnallt neben ihr auf dem Beifahrersitz gesessen und hätte ich nicht Angst gehabt, dass sie in den nächsten Graben fährt, so wäre ich ihr am liebsten ins Gesicht gesprungen.
Obwohl ich noch ein relativ neues Mitglied dieses schönen Städtchens bin, das aus 30.000 Sängern, Musikern, Malern, Artisten, Autoren, Schaffern und zeitweise auch Narren besteht, fühlte ich mich persönlich beleidigt. Ich setzte mich aufrecht hin, drückte mich in den Sitz, wandte mich nach links und begann in einem Bandwurmsatz aufzuzählen, was Radolfzell alles zu bieten hat. Zuerst hielt die Führerin des Kleinwagens mir stand, doch dann wurde sie immer kleinlauter, bis sie zu der Erkenntnis kam, dass sie die Vielfalt ihrer Heimat noch nie in diesem Umfang wahrgenommen hatte. Endlich war ich zufrieden und gab Ruhe.

Kurz nach diesem Vorfall wurde das Motto zur 750-Jahrfeier bekannt: „Jeden Moment wert".

Stimmt!

Und als Hommage an mein geliebtes Radolfzell finden Sie in diesem Buch Geschichten, die an Radolfzeller Schauplätzen spielen, so wie sie sich im Jahre 2017 zutragen könnten. Manche Ereignisse geschahen in ähnlicher Weise, doch es darf auch geflunkert und übertrieben werden, weil der Lesespaß im Vordergrund steht.

Ähnlichkeiten mit Zellern sind unbeabsichtigt und somit rein zufällig.

Viel Freude beim Lesen wünscht

Claudia Bignion.

Dr. med. Claudia Bignion

Inhaltsverzeichnis

1.	Das scharfe Eck	9
2.	Ein Tag im Museum	14
3.	Bei Aldi	19
5.	Nostalgiekino Universum	27
6.	Marktplatzgespräche	32
7.	Der Narrenbrunnen	37
8.	Schülerbefreiung	38
9.	Wassersport mit Folgen	39
10.	Die alte Forstei und ihre Bewohner	49
11.	Hochzeit im Münster	52
12.	Wasser, Feuer, Luft und Erde	58
13.	Das Faktotum	65
14.	Die Hausherren	66
15.	Volkshochschule für Singles mit Niveau	72
16.	Die Bora Sauna	79
17.	Herbst an der Hafenmole	84
18.	Nathalies Plan	86
19.	Die ungeschminkte Wahrheit	107
20.	Der Satirebildhauer	116
21.	Begegnungen im Weltkloster	117
22.	Die Kurklinik	132

23. Philosophischer Spaziergang am See 143
24. Im Seniorenheim 150
25. Das Sterben will geordnet sein 160

1. Das scharfe Eck

Er schloss die Zimmertür hinter sich, stellte seinen Koffer ab und ging zur Balkontür. Mit einem kleinen Ruck öffnete er diese, trat hinaus, holte einmal tief Luft, genoss den Blick auf den Bodensee und ließ dann die Luft passiv, durch die Entspannung seines Zwerchfells, entweichen. Während er seinen Blick zuerst über die Wiese, die Bäume und anschließend über die gegenüberliegenden Hügel schweifen ließ, drehte er an seinem Ehering, den er mit etwas Mühe vom rechten Ringfinger löste und dann an seinem Schlüsselbund befestigte.

Er fühlte sich frei, endlich frei, wenn auch nur für drei Wochen. Den See konnte er förmlich riechen und er schloss seine Augen, um diese Sinneswahrnehmung zu intensivieren. Nachdem er eine Weile dagestanden war ging er zurück ins Zimmer, öffnete seinen schwarzen Rucksack und holte die Desinfektionstücher heraus. Er putzte zuerst alle Türklinken ab und anschließend die Lichtschalter. Mit einem neuen Tuch wurden das Kopf- und das Fußende des Bettes, der Nachttisch, der kleine runde Tisch und die Stuhllehne gesäubert. Mit dem dritten Tuch ging er dann ins Bad und machte sich über die Armaturen sowie die Klobrille her. Zufrieden mit seinem Werk, packte er seinen Koffer aus und ging zum Abendessen. Anschließend steuerte er gezielt das Scharfe Eck an[1], denn er war schon zum zweiten Mal zur Kur in Radolfzell und kannte sich bereits aus.[2]

Da es Sommer war, stand um halb neun die Sonne noch ziemlich hoch und fiel wärmend in die Höllstraße. Der Vorteil am gut besuchten scharfen Eck, das eigentlich *Weinhaus Baum* heißt, ist, dass man sofort Anschluss bekommt, da man sich zu fremden Menschen an den Tisch setzen muss, um überhaupt einen Platz zu ergattern. Schon auf dem Weg zur Theke hatte er zwei Blondinen ausgespäht, die fröhlich plaudernd an einem Bierfass saßen. Mit einem Glas Weißwein in der Hand steuerte er zielstrebig auf sie zu und fragte ungeniert, ob er sich dazusetzen dürfe. Sie gestatten das, obwohl es ihnen nicht wirklich angenehm war, da sie sich über private Dinge austauschen wollten. Deshalb ignorierten sie ihn, waren dann aber so befangen in ihren Erzählungen, dass sie ins Allgemeine abdrifteten.

---

[1] http://www.weinhaus-baum.de
[2] http://www.mettnau.com/hermann-albrecht-klinik

Er nutzte die Zeit um sie abzuscannen. Die Frauen waren Ende dreißig, die eine naturblond, die andere hatte ihre Haare blond gefärbt. In Jeans und Sommerblusen sahen beide flott aus und die rot lackierten Fußnägel in den Sommersandalen wirkten sehr sexy. Die Naturblonde hatte drei schlichte Silberringe an den Händen, während die Gefärbte an der linken Hand einen Goldring mit einem kleinen Brillanten trug, was wahrscheinlich auf eine feste Beziehung hinwies.

Zu einem ihm gut erscheinenden Zeitpunkt, und eigentlich war ihm jeder Zeitpunkt recht, mischte er sich geschickt ins Gespräch der beiden Frauen ein. Er berichtete, dass er Kurgast sei und als Transporthubschrauberpilot beim Heeresflugplatz in Rheine-Bentlage in Nordrein-Westfalen alle drei Jahre Anspruch auf eine präventive Erholungskur habe. Sein Beruf als Pilot schindete meistens Eindruck bei den Frauen und auch an diesem Abend verfehlte er seine Wirkung nicht. Nachdem der Eindringling sich etwas Mut angetrunken hatte, begann er die Damen auszufragen. Er fragte nach ihren Namen und wo sie arbeiteten. Beide waren waschechte Zellerinnen. Die Gefärbte arbeitete bei der Firma *Allweiler*[3], die Andere beim *Schiesser*[4].

---

[3] http://www.allweiler.de/10966/Home/awr_start.asp

Nachdem sie über das Wetter und das Segeln gesprochen hatten, fragte er sie unverblümt, ob sie in Beziehungen stünden, was beide bejahten. Daraufhin gab er zu, dass er verheiratet sei, aber er sei ja weit weg von Rheine und in diesem Falle nehme er das mit der Ehe nicht so streng. Dann fragte er, ob die Damen Zugang zu Segelbooten hatten. Sie erzählten, dass sie Freunde im *Yacht Club Radolfzell* hätten und ab und zu mal mit der Vereinsjacht mitsegeln durften.

Zum Ende des Abends, es war bereits dunkel geworden, bekundete er, dass er gerne mit ihnen zum Segeln gehen wolle. Später, auf dem Rückweg von der Toilette, drückte er der Naturblonden mit den Silberringen einen Zettel mit seiner Handynummer in die Hand. Siegessicher verabschiedete er sich und wendete er sich zum Gehen.

Die beiden Frauen schauten hinterher, wie er seinen gut gebauten Körper beschwingt Richtung *Halbinsel Mettnau* bewegte.

*

In seinem desinfizierten Zimmer angekommen, legte sich der Kurgast zufrieden ins Bett und schaute gleich auf sein Handy, ob er eventuell schon eine SMS bekommen hatte. Bei dieser Gele-

---

[4] http://www.seemaxx.de/marken/schiesser.html

genheit tippte er noch schnell ein „Gute Nacht, Schatz" an seine Ehefrau.

Auch am folgenden Tag wartete er erfolglos auf eine Nachricht.

Am Montagmorgen ging er zur ärztlichen Konsultation und dann ins Diagnosezentrum mit den Fahrradergometern. Eines der zwölf Ergometer wurde ihm von einer naturblonden Frau im weißen Kittel mit drei schlichten Silberringen an den Händen zugewiesen. Auf ihrem Namensschild las er „Frau Schiesser".

2. Ein Tag im Museum

Alexandra kam mit dem Zug aus Singen auf Gleis 5 an. Eigentlich wollte sie in Radolfzell ein bisschen bummeln gehen. Sie liebte das *Kaufhaus Kratt*, weil es dort schöne Unterwäsche gab und eine freundliche und kompetente Beratung dazu. Außerdem erhoffte sie sich, dass bei Gerry Weber im *Seemax Outlet* Musterteile angeboten würden. Schon häufig konnte sie ein Einzelstück ergattern, das nie in die Kollektion aufgenommen worden war. Eine Bluse hatte sie sogar selbst zu Ende genäht, weil sie aus dem Sortiment rausflog, bevor sie fertiggestellt worden war. Da Alexandra Kleidergröße 38 trägt, sind die aparten Musterteile ihr wie auf den Leib geschneidert.

Doch statt Shopping-Tour kam alles anders. In Radolfzell angekommen, zog sich der Himmel zu und es regnete wie aus Kübeln. Alexandra, ohne Schirm, suchte einen Zufluchtsort. Sie rannte los, Richtung Münster, sah zur Linken das Museum und huschte hinein.[5]

Außer Atem zahlte sie das Eintrittsgeld von 3 Euro, ging zielgerichtet an der Museumsapotheke vorbei

---

[5] http://www.radolfzell.de/stadtmuseum

ins erste Obergeschoss und setzte sich in das Modell des alten Zugabteils, welches an den Eisenbahnanschluss der Stadt im Jahre 1863 erinnert. Sie schloss die Augen, um sich zu entspannen. Hoffentlich würde der Regen bald nachlassen. Ganz in der Ferne nahm sie die Stimme der Empfangsdame im Erdgeschoss wahr: „Herr Adler, können Sie am Mittwoch in zwei Wochen eine Schulklasse für die Sonderausstellung „Bader, Feldscher und Barbiere" übernehmen?"

Adler, Adler — der Name erinnerte sie an ihren ehemaligen Tanzpartner, in den sie 1975 sehr verliebt gewesen war. Ein charismatischer junger Mann, 190 cm groß, schlaksig mit einer angedeuteten Hakennase, die ihm gut stand und tatsächlich an einen Adler erinnerte. Warum ist aus uns eigentlich nichts geworden? Wir haben nicht nur auf dem Parkett absolut harmoniert. Damals tanzten wir auf *The Hustle*[6] und der *Line Dance* zu *Kung Fu Fighting* kam auf. Haben wir uns nicht sogar einmal geküsst? Sie war sich nicht mehr sicher. Sie und der Adler waren grade auf dem Weg der Annäherung, als ihr Freund von einem einjährigen Australienaufenthalt zurückkehrte und seinen Be-

---

[6] https://www.youtube.com/watch?v=wj23_nDFSfE

sitzanspruch geltend machte. Besonders auf Druck ihrer Eltern, die sie quasi schon mit Roland verheiratet sahen, ließ sie den Adler fliegen.

Roland kam aus gutem Hause, wollte Jura studieren und sich auf Internationales Recht spezialisieren. Er war quasi bereits in den Diplomatischen Dienst eingetreten. Damit konnte der Adler mit seiner kaufmännischen Lehre natürlich nicht konkurrieren. Alexandra ging gedanklich einen Schritt weiter. Warum hatte sie sich nicht gewehrt? Warum hatte sie andere für sich entscheiden lassen? Warum war sie so angepasst gewesen? In ihr drin hatte alles rebelliert, doch nach außen traute sie sich nicht, zu sich selbst zu stehen. Außerdem waren sie und der Adler ja auch noch kein offizielles Paar, entschuldigte sie ihre damalige Ohnmacht. Ihr hatte der Mut gefehlt, nachzufragen, ob er sie liebe und der Adler war vielleicht auch zu schüchtern gewesen.

Letztendlich hatte die Beziehung zu Roland nicht gehalten, da er sich zu einem Loser entwickelt hatte, täglich Marihuana rauchte und seine Karriere mit Mühe beim Rechtsanwaltsgehilfen endete.

*

Einige Jahre später hatte sie den Adler zufällig auf der Fasnet getroffen. Er war mit seiner Freundin da, die schätzungsweise zehn Jahre älter war als er. „Warum nimmt der sich so eine Alte? Hat er doch gar nicht nötig?", dachte sie damals griesgrämig. Alexandra war traurig, zusehen zu müssen, wie er die strahlende Blondine glücklich von hinten umarmte und wärmte. Sie lachten, flirteten und waren gut drauf.

Alexandras Brust schmerzte jetzt, als hätte ihr ein Attentäter ein Messer ins Herz gerammt. Sie atmete tief und schwer.

„Hallo, geht es Ihnen gut?"

„Danke, ich bin nur etwas zu schnell die Treppe hochgerannt", log sie den Mann an, der sie gerade am Arm berührte und ihr besorgt in die Augen schaute.

„Mein Name ist Adler, ich bin der Museumspädagoge. Sind sie sicher, dass ich nichts für Sie tun kann?"

Oh ja, er hätte vieles für sie tun können. Am Liebsten wäre es ihr gewesen, wenn er ihren Seelengefährten von damals zurückbringen könnte.

„Nein, nein. Vielen Dank, es ist schon gut." Sie zwang sich ein Lächeln ab.

Sie liebte den Adler, doch es sollte nicht sein. Nicht in diesem Leben.

3. Bei Aldi

"Wo geht's bei Aldi?"
"*Zu* Aldi!"
"Ach, schon so spät?"

Ob mit oder ohne guten Deutschkenntnissen, ob arm oder reich, jung oder alt, ob Deutscher oder Schweizer, beim Aldi findet jeder das Richtige für sich: Freundliches, schnelles Personal, sauberes Ambiente, viele Parkplätze.

Da Aldi allseits beliebt ist, findet sich täglich ein illustrer Kundenkreis in der Eisenbahnstraße ein. Doch nicht alle Kunden sind ehrlich. Da wird einfach mal eine Laugenbrezel beim Einkauf verzehrt oder das Shampoo im Kinderwagen versteckt.

Zu zweit klaut es sich besser. Eine schwangere Frau zahlt an der Kasse, plaudert und lenkt die Kassiererin mit einem Lachen ab, während ihre Freundin ein Piccolöchen in ihrer Handtasche mitgehen lassen will. Sogar einen ganzen Einkaufstrolley, randvoll mit Fleisch, wollte ein Mann mit Hut an der Kassiererin von Kasse 3 vorbeischummeln.

Ist den Kunden eigentlich noch nie die Idee gekommen, dass es bei Aldi Überwachungs- kameras und Warenhausdetektive gibt?

Es geht aber auch noch dreister. Eine Frau, ca. 65 Jahre alt, schlank und extrem faltig, möchte geradewegs mit einem halbgefüllten Einkaufswagen an der Kasse vorbeispazieren, als sie aufgehalten wird. Laut tönt sie:

„Wenn ich zahlen muss, ziehe ich mich jetzt und sofort nackt aus."

„Das können Sie ja machen, doch ich muss dann die Polizei rufen."

Die Hüllen fallen, der Polizeiruf erfolgt.

Als die Gesetzeshüter eintreffen, steht die Frau bereits in ihrer Unterwäsche da. Die Schlange bei Kasse 1 wird immer länger, die Schaulustigen bei Kasse 2 bleiben stehen.

„Guten Tag, wie heißen Sie?" will die Polizistin mit dem blonden Pferdeschwanz wissen.

„Sag ich nicht!"

Ihr Kollege hebt die Kleidung auf und sucht nach dem Personalausweis. Die Frau hat nichts dabei, was ihre Identität verrät.

„Jetzt geben Sie den Einkaufswagen mal zurück."

„NEIN, NEIN", schreit die Halbnackte bei der jetzt Ganzkörperfalten deutlich zu sehen sind.

Sie fängt an zu zittern. „Sonst habe ich doch nichts zu essen!"

Der Polizist bittet die Kassiererin, den „Streitwagen" ins Lager zu bringen, damit er optisch aus dem Weg geräumt ist.

In diesem Moment entwischt die Halbnackte blitzschnell durch die Ausgangstür und kauert sich bei den Einkaufswägen an der Wand nieder.

Es dunkelt bereits.

„Sie können hier doch nicht sitzenbleiben. Wo wohnen Sie denn? Wir bringen Sie nach Hause."

Im Aldi rattern die Scanner weiter und blitzschnell haben alle Kassen geöffnet. Die Kundschaft applaudiert, zückt bereits die EC-Karten und beeilt sich beim Einpacken der Ware. Alle wollen nach Hause und heute Abend traut sich niemand mehr, etwas mitgehen zu lassen, da die Polizei noch sehr lange vor der Tür steht und versucht, die alte Dame zur Vernunft zu bringen.

*

Schnell ist dieser Vorfall vergessen, doch in der nächsten Woche sind die Beamten wieder vor Ort, weil ein verwahrloster Mann mit grauem Rauschebart auf dem Parkplatz die Kunden anbettelt.

4. Geburtstag im Scheffelhof

Der 60. Geburtstag der Rockröhre Bonny stand an und sie beschloss, mit ihren beiden Bands die Grundmauern des *Scheffelhofs* zu erschüttern. Mit Bier und Band im Ballsaal in ihren Geburtstag hineinzufeiern, erschien Bonny für diesen Tag angemessen. Wenn der *Scheffelhof* für die Einweihungsfeier im Jahr 1907, zum 81. Geburtstag von Großherzog Friedrich I. von Baden, geeignet war, dann war er auch gut für Bonnys Fest im Jahre 2017.

Das weit über die Grenzen der Stadt hinaus bekannte Gebäude und dessen Geschichte sind schon heute tief in den Erinnerungen vieler Radolfzeller verwurzelt. Selbst eine Demenz kann diese Jugenderinnerungen, z. B. an Theaterstücke, eine Ballnacht oder die Bowlingbahn, nicht verblassen lassen. Doch bald ist Bonnys Tag und das verrückteste Fest aller Zeiten steht noch bevor. Ihre Gäste sollen von Familie Böck verwöhnt werden, die den alten *Scheffelhof* renoviert und reanimiert hat.

*

„Du, Mick, ich habe erst 50 Gäste beisammen. Der Böck tut´s aber unter 60 Leuten nicht."

„Dann lade doch die Nachbarn mit ein."

„Hmmm, auch die von über uns, die immer ihre Blumentöpfe so voll gießt, dass sie meine frisch gewaschene Wäsche bekleckert?"

„Ach Mutter, sei großzügig, vielleicht ist sie ganz in Ordnung.

„Ich glaube deine Schmerztropfen sind dir zu Kopf gestiegen!"

„Tut mir leid. Ich bin ja nicht absichtlich vom Fahrrad geflogen. In zwei Wochen kann ich bestimmt wieder an die Uni, dann hast du deine Ruhe."

*

Bis auf die alleinstehende Frau mit der schwarz gefärbten Tochter im Gothic Style haben alle Nachbarn zugesagt. Der Gabentisch füllt sich, vor allem mit Geldgeschenken, denn Bonny will sich ein gutes, teures, neues Mikrofon leisten. Fehlt nur noch das Pärchen mit den Blumentöpfen; dabei haben sie doch zugesagt. Offensichtlich sind die total verpeilt. Egal, die Tische sind weitgehend belegt, alle sind mit Getränken versorgt und das Büfett wird eröffnet. Die Stimmung bei Bonnys Freunden ist gut, nur die Nachbarn haben sich an Einzeltische zurückgezogen und kommunizieren gar nicht untereinander. Da ist das ergraute Pensionistenehepaar und der kritische Typ vom Finanzamt mit seiner aparten Frau aus Persien, die aussieht als wäre sie eine Märchenprinzessin. Selbst der lässige junge Mann mit der Amerikanerin, die eine Tätowierung in Form eines handtellergroßen Sterns auf ihrem Dekolleté trägt, scheint keine Anstalten zu machen, auf die anderen zuzugehen. Ein Jammer.

Um zehn Uhr fängt die Band an zu spielen. Bonny hat ein neues langsames Stück einstudiert, das dem Finanzbeamten sichtlich unter die Haut geht. Seine Augen schmelzen unter der Nickelbrille dahin. Er spendet euphorischen Applaus für diese außergewöhnliche Frau mit der außergewöhnlich tiefen Stimme. Ihre Freunde sind begeistert, klatschen Beifall und grölen, nur die Nachbarn sind immer noch extrem zurückhaltend, ja fast wie versteinert. Mick hat Gewissensbisse, war er es doch, der diese Wahnsinnsidee hatte, die Mitbewohner einzuladen. Er spürt einen inbrünstigen Hass auf diese Partykiller. Am liebsten würde er die Alten schütteln und dem Typ mit der Amerikanerin vermöbeln. Hätte er nicht diese lästige Aircast-Schiene am Sprunggelenk, so würde er tatsächlich einen Streit anfangen. Mick fühlt sich bei seiner Ehre gepackt.

Es muss was passieren und zwar schnell, bevor der Abend vorbei ist.

Da fallen ihm die Schmerztropfen in seiner Tasche ein. Bei Schmerzpatienten wirken sie gegen den Schmerz, aber Gesunde werden davon high. Soeben hat das ältere Ehepaar den Weg zur Toilette angetreten. Mick humpelt zu ihrem Tisch und füllt unbemerkt einige Tropfen in ihre halbvollen Biergläser. 15 Tropfen für sie, 20 Tropfen für ihn. Geschätzt. Der Märchenprinzessin verpasst er in einem unbeobachteten Augenblick an der Theke auch 20 Tropfen . . . au, Scheibenkleister . . . das waren wohl 30. Zu spät. Das Glas ihres Gatten hat er leider nicht mehr erwischt. Die mit den Blumentöpfen waren durch zügiges Trinken von selbst aufgetaut und der Typ mit der Amerikanerin hatte sich zum Kiffen in den Hinterhof zurückgezogen. Passt doch.

Um Mitternacht schmettert sich Bonny abwechselnd mit beiden Bands in ihren 60. Geburtstag hinein. Das Schlagzeug im Trommelwirbel, das Becken scheppert, die E-Gitarre heult auf und der Bass brummt zwerchfellerschütternd.

Alle tanzen, torkeln, taumeln, wanken, schwanken und springen herum wie von Sinnen. Die Märchenprinzessin beginnt mit ihrer knallengen schwarzen Jeans eine Säule anzutanzen, als wäre es die Stange in einem Erotiklokal. Dann krabbelt sie mit ihren Highheels auf einen der Tische und beginnt sich ihre cremefarbene Seidenbluse aufzuknöpfen. Noch ein paar Hüftschwünge und die Bluse fliegt in das schaulustige Publikum.

Bonny und die Band setzen gerade zu „Highway to Hell" an, als der schwarze BH hoch durch die Luft fliegt und auf der Nickelbrille ihres Mannes landet. Die Menge tobt. Als die Prinzessin beginnt ihre Jeans zu öffnen, um allen ihr neues Intimtattoo inklusive Piercing mit glitzerndem Zirkon zu zeigen, schreit ihr verzweifelter Mann: „Das Höschen bleibt heute an!"

Das Schlagzeug im Trommelwirbel, das Becken scheppert, die E-Gitarre heult auf und der Bass brummt zwerchfellerschütternd. Dann fällt der Strom aus.

Was unter dem Deckmantel der Dunkelheit noch geschah, ist nicht überliefert.[7]

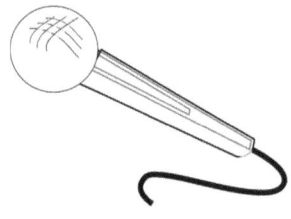

---

[7] http://www.scheffelhof-radolfzell.de/

5. Nostalgiekino Universum

Und wieder ärgerte sich die kleine Monika, dass sie ihre schwarzen Lackschuhe mit den Fesselriemchen verkehrt herum angezogen hatte. Dabei schwor sie sich jedes Mal, wenn sie beobachtete, dass Oma Ida beim Aufräumen der Schuhe den Rechten links hinstellte und den Linken rechts hinstellte, dass sie die Positionen wieder zurücktauschen würde, bevor sie ihre Schuhe anzog. Doch bis es soweit war, hatte sie ihr Vorhaben vergessen. Einmal erlaubte sie sich, die Schuhe sofort wieder richtig herum hinzustellen, damit sie diese Erinnerungsarbeit nicht leisten musste, doch die Oma korrigierte sie prompt und hartnäckig. Weshalb die alte Ida sich diese verwirrende Marotte angewöhnt hatte, sollte sich ihr niemals erschließen.

Egal, Schwamm drüber, es war Sonntag und Sonntag war Kinotag. Die Zeit, welche andere Kinder um zehn Uhr morgens in der Kirche verbrachten, saß Monika mit Oma im Kino und schaute sich Filme wie „Heidi", „König Drosselbart" oder wie heute im Programm „Pinocchio im Weltraum" an.

Frisch gekämmt mit ihrem rotschwarz karierten Kleidchen, bei dem Oma einmal einen Kaugummi hatte entfernen müssen, der ihr während des Films unter die Achselhöhle gerutscht war, trat Monika ihren langen Weg zum Kino an. Dieser führte fünf Stockwerke die Treppe eines Mietshauses hinunter, entlang der belebten Krupp Straße, über zwei Kreuzungen und an der dritten Ecke rechts in die Kölner Straße. Monika kannte nicht nur jede Ampel, sie kannte jedes Haus und jeden Stein. Sie freute sich über alle Maßen auf das Kino, und sie liebte ihre Oma, der sie für dieses Sonntagsvergnügen sehr dankbar war.

Das Kino in der Kölner Straße gibt es schon lange nicht mehr. Davon unabhängig war es sowieso bei Monika in Vergessenheit geraten. Sie war mehrmals umgezogen und gewöhnte sich schnell an die neuen, größeren Kinos mit Dolby Surround Sound. Dieser ließ gigantische Raumschiffe mit einem so großen Getöse von links nach rechts über Monikas Kopf hinwegfliegen, dass ihre Magenwand vibrierte. Später kam die 3D-Technik, mit einem Kinoerlebnis, das fast zum Anfassen war. Das Repertoire von Eiskonfekt und Rollo-Schokolade erweiterte sich um Popcorn und Nachos und das Filmrepertoire wurde reichhaltiger, mit bis zu zehn Filmen pro Abend.

*

Und wieder zog Monika um. Dieses Mal nach Radolfzell an den Bodensee. Immer mal wieder fuhr sie mit ihrem Fahrrad am *Universum Nostalgiekino*[8] vorbei und immer mal wieder überlegte sie, dort einen Film anzuschauen, doch so flüchtig wie das Vorhaben in ihrem Kopf auftauchte, verschwand es auch wieder.

Eines Tages las sie im Amtsblatt *HALLO Radolfzell*: „Wir zeigen Filmklassiker aus vergangenen Zeiten. Um ein Kinofeeling der 50er und 60er Jahre zu bekommen und um genau zu wissen, wie das damals im Kino so war, braucht man natürlich auch die Technik von damals. Und die haben wir." Des Weiteren: „Der Regisseur ist bei der Vorstellung anwesend und lädt anschließend zum Gespräch ein."

„Wow" dachte sie. Ein echter Regisseur stellt seinen Film im Universum Kino vor. „Da muss ich hin."

Um ganz sicher zu gehen, reservierte sie eine Eintrittskarte über die Homepage und um noch sicherer zu gehen, dass sie den Mann auch wirklich aus der Nähe sehen konnte, kaufte sie sich am Eingang eine Miniflasche Rotwein, schenkte sich ein und verharrte an der Theke. Sie begann sich mit den

---

[8] http://www.universum-radolfzell.de/

Kinofans am Ausschank zu unterhalten und erfuhr, dass das Kino aus Überzeugung und Liebhaberei als Verein betrieben wird. Dann outete sie sich als Erstbesucherin und trug ihr Anliegen vor. In diesem Moment kam ein großer, schlanker Lockenkopf zur Tür herein und sie wurde ihm als neuer Fan vorgestellt. Ein beeindruckender Moment, den sie, als Sammlerin schöner Tage, in den Reigen der besonderen Begegnungen sofort aufgenommen hatte.

Vor Beginn der Veranstaltung begrüßte er seine Gäste mit Streichholzschachteln, die das Filmlogo trugen. Sie bewunderte seine Geste.

Was sie in diesem Moment noch nicht ahnte, es sollte der Beginn einer langjährigen Freundschaft werden.

*

Wenn sie heute im Universum Kino die Kinoromantik der 60er Jahre nacherlebt, sitzt Oma Ida in gewohnter Manier neben ihr mit hochgestecktem grauen Haar und Haarnetz in ihrer feinen Bluse im Ausschnitt der Bernsteinanhänger. Sie trägt ihren eleganten dunklen Rock, den schwarzen Hut, die gut gepflegten Lederhandschuhe und auf ihrem Schoß verweilt die Handtasche mit dem goldenen Verschluss.

6. Marktplatzgespräche

"Please say hello to Linda", endete Susanne ihre Skype Session mit Alan aus Denver.

„I will look for you on the webcam", war Alans Abschiedsgruß. Er machte sich ab und zu einen Spaß daraus, den videoüberwachten Radolfzeller Marktplatz von seinem Laptop aus in Colorado zu betrachten.

*

Samstagmorgen um acht Uhr. Geschäftiges Treiben, viele unterschiedliche Stimmen, Hinter- grundgeräusche, ein fröhliches Glockenspiel, ein Glockenschlag.

...

Über den großen Teich bis in die USA winkte Susanne fröhlich in die Webcam, welche auf dem Rathaus installiert ist. Als sie sich umdrehte, traf sie ein befreundetes Paar. Robert kannte sie schon viele Jahre lang. Heute war er mit seiner neuen Flamme unterwegs, mit der er seit drei Monaten liiert war. Nachdem sie einige Freundlichkeiten ausgetauscht hatten, fragte Susanne neugierig:

„Sag mal Robert, wie habt ihr euch eigentlich kennengelernt?"

„Du wirst es nicht glauben, wir sind uns zum ersten Mal hier auf dem Marktplatz begegnet. Mein Schätzchen ist mir aus Versehen beim Verlassen des Gemüsestands auf den Fuß getreten. Nach vielen tausend Entschuldigungen kamen wir ins Gespräch. Dann wurde ich als Wiedergutmachung im *Tiramisu* zu einem Cappuccino eingeladen. Das hat mich einfach umgehauen."

„Habt ihr ein Glück, ich habe noch nie jemanden auf dem Marktplatz kennengelernt. Immerhin habe ich aber schonmal vom Blumenmann eine Rose geschenkt bekommen, als ich zum Geburtstag meiner Schwägerin einen Strauß kaufte."

„Das ist doch mal ein Anfang."

„Mag sein, aber ihr seht euch auch nicht jeden Tag. Ihr habt doch eine Long-Distance-Beziehung, oder?"

„Stimmt, ich wohne in Freiburg, doch der See hat etwas Magisches für mich. Im Sommer versuche ich jedes Wochenende hier zu sein. Dann gehe ich ausgiebig bummeln. Zum Shoppen ist Radolfzell ideal. Außerdem genieße ich die Stimmung zwischen den Mauern des Münsters, des Österreichischen Schlösschens und des Rathauses.[9] Ich habe

---

[9] http://www.radolfzell.de/bausteine.net/f/10303/panomarktplatzklein_out.swf?fd=2

schon eine ganze Fotoserie nur alleine vom Marktplatz angefertigt."

*

Auch Susanne liebte den Markt und drehte am Samstagmorgen meistens schon um acht Uhr ihre Runde, bevor es zu voll wurde.

„Radolfzeller leben gesünder." Dieser Satz ging ihr jedes Mal durch den Kopf, wenn sie Höribülle[10] oder Gurken und Tomaten von der Reichenau kaufte. Ihr Brot nahm sie vom Dinkelbäck mit und ihren Käse holte sie beim Allgäuer Urgestein Max, dem Mann mit dem Milchkannenohrring. Wenn sie zum Eiermann ging, brachte sie aus Umweltgründen den 6er Karton zum Nachfüllen zurück und vom Honigmann gab es jedes Mal 25 Cent für ein leeres Retourenglas. Beim Griechen holte sie Oliven der Spitzenqualität wegen der ungesättigten Fettsäuren und bei ihrem Lieblingsmetzger kaufte sie Hirschgulasch, abgepackt für eine Person, weil Wild freilaufend ist und das Fleisch wenig Fettanteil hat. Diesen Tipp hatte sie von Robert. Der kaufte sein Wild jetzt allerdings wieder in der Zweierpackung.

---

[10] Große süße Zwiebeln.

*

„Letzten Monat waren hier wieder die örtlichen Parteien am Werk. Habt ihr euch schonmal mit den Mitgliedern unterhalten? Ich habe einfach, so ganz zwanglos, mit unserem früheren OB über das Streitthema „Seetorquerung" geplaudert.

Diesen vielbeschäftigten Mann zu treffen war echt Glückssache, denn als ich den Markt verließ, war er auch schon wieder weg."

„Ja, wir haben uns auch bei den Parteien informiert. Was die Politiker alles ertragen müssen, ist unglaublich. Da hat ein älterer Herr tatsächlich von sich gegeben, dass er eine Partei nicht wählen könne, weil der Bundestagsabgeordnete fettige Haare und ungeputzte Schuhe habe."

„Ich glaube solche Beleidigungen sind die Politiker gewöhnt. Das kann man weder persönlich noch ernst nehmen. Naja, meine Katze wartet, ich drehe jetzt meine Runde. Ihr wisst ja wie es ist, unter einer Stunde kommt man vom Marktplatz nicht weg. Das eine oder andere Schwätzchen werde ich bestimmt noch halten. Das tut meiner Seele gut und macht mir Riesenspaß. Es war schön, euch wiederzusehen."

„Ciao, Susanne, lass wieder von dir hören. Wir

können ja zusammen ins Kino gehen."

"Super Idee. Dann bis bald."

*

"Du Werner, die Story, dass du mir auf dem Marktplatz auf den Fuß getreten bist, funktioniert immer wieder gut. Die Leute staunen zwar, doch es hat uns bis jetzt jeder abgenommen."

"Ja, darüber bin ich auch froh, Robert. Dass wir uns in der Sauna in Baden-Baden im Darkroom kennengelernt haben, muss ja nicht jeder wissen."

Samstagmorgen um neun Uhr. Geschäftiges Treiben, viele unterschiedliche Stimmen, Hintergrundgeräusche, ein fröhliches Glockenspiel, ein Glockenschlag.

. . .

7. Der Narrenbrunnen

> Fasnet verboten.
>
> Kappedeschles Fensterscherz.
>
> Narretei gewinnt.

[11]

---

[11] Eine der wichtigsten Figuren der Radolfzeller Fasnet ist "De Kappedeschle".

8. Schülerbefreiung

Narri, Narro!

Des ganze Jahr lasst ihr euch plagen
Mathe – Deutsch und Hausaufgaben!
Drum sag ich Euch – Jetzt isch e Ruh
gond uff d Gass – und d´ Haustür schließed zu.

Ihr seid jetzt nun, jetzt isches so weit
von der Schule sofort befreit!
Bis Aschermittwoch ist jetzt zu
mached Fasnet und schreied laut Juhu!

Narri, Narro!

9. Wassersport mit Folgen

Es roch nach Rotkohl mit Gulasch und es war Liebe auf den ersten Blick, als sie sich vor zwei Jahren in der Mensa der Uni Konstanz zum ersten Mal begegneten. Thomas hatte den Lehrstuhl für Atomphysik inne, Gabi war Studentin der Rechtswissenschaften. Sie fand seine angegrauten Schläfen intellektuell, er fühlte sich von ihren langen, wohlgeformten Beinen angezogen. Alterstechnisch trennten sie zwölf Jahre. Es verging ein Vierteljahr des Herzklopfens auf dem Weg zur Mensa, während ER hoffte, dass SIE auch da sei. Dann bot sich DIE Gelegenheit. „Darf ich mich zu Ihnen setzen?", fragte Thomas mit dem charmantesten Lächeln, das er hervorzaubern konnte. „Sehr gerne." Danach ging alles ganz schnell. Innerhalb eines halben Jahres zog sie in die Doppelhaushälfte seines Hauses auf der *Weinburg* ein.

Aufgrund des Altersunterschiedes kam es nach der ersten Verliebtheit oft zu Spannungen. Er hörte morgens Deutschlandfunk, sie wollte lieber Radio Regenbogen einschalten. Sie liebte *Coldplay* und wollte auf ein *Zaz*-Konzert gehen, er wollte lieber mit seinen CDs des *Electric Light Orchestras* und von *Alan Parsons Project* zu Hause vor dem Kamin sitzen.

Weil sie sich sehr mochten, beschlossen sie, dass ihre Differenzen überwindbar seien. Das Segeln sollte ihr gemeinsames Hobby werden, bei dem sie harmonische Stunden erleben könnten. Er hatte aus früheren Zeiten noch eine Jolle bei Freunden in Langenargen liegen. Diese wollte er nach Radolfzell holen. Es fehlte nur noch ein geeigneter Segelclub.

Als sie Anfang August einen Sonntagsspaziergang im Herzen unternahmen, wurden sie von der Gute-Laune-Musik des Wassersportclubs *Wäschbruck* angezogen. Sie betraten neugierig das Gelände und mischten sich unter die Gäste des jährlich stattfindenden Sommerfestes. An der Theke des Bierwagens wurden sie als Fremde erkannt und sofort angesprochen.

„Wer seid denn Ihr? Seid Ihr hier Mitglieder?"

„Noch nicht, wären wir aber gerne. Nehmt ihr noch neue Mitglieder auf?"

So lernten Gabi und Thomas durch Zufall Helge und Harry vom Vorstand der *Wäschbruck* kennen.

*

Sie füllten am selben Tag noch das Online-Bewerbungsformular aus:

„Du, Thomas, wir brauchen zwei Bürgen, aber wir kennen leider niemanden."

„Dann nimm Helge und Harry, die kennen wir doch jetzt."

Gesagt, getan, noch ein Klick, Formular versendet. Danach hörten sie ein halbes Jahr lang nichts.

*

Vorstandssitzung bei der *Wäschbruck*:

„Wir kommen zu den Neuaufnahmen. 25 Mitgliedern können wir im kommenden Jahr einen Platz anbieten."

„Auf der Liste stehen Thomas Speck und Gabi Bauch."

„Haha, wenn die mal heiraten, dann heißt sie Speck-Bauch."

„Oder Bauch-Speck, haha."

„Wer sind die Bürgen?"

„Hier stehen Helge und Harry."

„Die kenne ich gar nicht!"

„Aber ja doch Helge, das sind die vom Sommerfest. Wir haben mit ihnen ein Bier getrunken."

„Vom Sommerfest? . . . Ach so. — Wo wohnen die denn? Ich will hauptsächlich Zeller aufnehmen. Die Stuttgarter nehmen ja nicht am Vereinsleben teil und kommen nur zur Stippvisite."

„Sie wohnen auf der *Weinburg*. Es sind quasi deine Nachbarn."

„Okay, dann hoffen wir mal, dass sie beim nächsten Sommerfest beim Aufbau oder Abbau oder an der Biertheke helfen.

Wer ist für die Aufnahme von Thomas und Gabi Speckbauch? Ich bitte um Handzeichen."

*

Ende März machte Thomas das Boot klar und Gabi erwarb zu ihrem A-Schein noch das Bodenseeschifferpatent bei Carola Habenicht vom *Wassersportzentrum*. Kurz vor der Prüfung im Landratsamt Konstanz, während Gabi in ihrem Arbeitszimmer die 400 Wiederholungsfragen auswendig lernte, kam Thomas immer wieder hereingeplatzt. Zuerst hatte er Probleme, eine Grafik in Excel zu erstellen, dann klappte die Formatierung in PowerPoint nicht und danach funktionierte der Scanner nicht mehr. Gabi hätte ihn umbringen können, weil er sie immer wieder aus ihrer Konzentration riss. Durchatmen und ruhig bleiben, beschwichtigte sie sich. Nächsten Dienstag machst du die Prüfung und auf dem Wasser wird dann alles besser. Pustekuchen. Sie hatte sich getäuscht.

*

Beim ersten Segelausflug Anfang April kam Flaute auf, und weil Thomas vergessen hatte, den Elektoaußenbordmotor mitzunehmen, mussten sie drei Kilometer weit in den Hafen zurückpaddeln. Zumindest wurde es ihnen an diesem kalten Tag endlich warm. Bei der zweiten Ausfahrt war es zwar sonnig, aber immer noch sehr kalt und stürmisch bei Windstärke vier.

Sie überlegten, das Großsegel zu reffen und waren sich in dieser Sache einig.

„Ich bin noch nie gekentert" sagte Gabi stolz „und das soll auch so bleiben."

„Ich bin schon oft gekentert und das ist gar nicht schlimm", kam die trotzige Antwort von Thomas.

Zuerst war Gabi an der Pinne und segelte Richtung Iznang. Auf dem Rückweg Richtung Radolfzell schlingerte das Boot heftig.

Gabi hatte es nicht mehr im Griff, bekam es mit der Angst zu tun und beschwerte sich, dass die Jolle mit ihrem Siebenmetermast völlig übertakelt sei.

„Lass mich mal an die Pinne. Ich zeige dir jetzt wie man segelt!"

Sie tauschten die Plätze.

„Klar zur Wende?"

„Ist klar." Gabi standen die Tränen in den Augen.

Und wieder segelten sie Richtung Iznang.

Thomas segelte hart am Wind und weil Gabi so stolz verkündet hatte, dass sie noch nie gekentert sei, ließ er es drauf ankommen. Worauf? Auf die nächste Böe.

Das Boot neigte sich deutlich nach steuerbord. Gabi antizipierte, was als nächstes passieren könnte und ließ sofort die Vorschot los, doch Thomas holte das Großsegel ganz dicht und dann flogen sie beide nach vorne. Sie auf den Mast und er auf das Großsegel. Im Nu war das Boot durchgekentert.

„Das hast du absichtlich gemacht!", schrie Gabi. „Nie wieder lasse ich dich an die Pinne! Wie kann man nur so arrogant sein?

Das ist total fahrlässig von dir."

„So, endlich bist du auch mal gekentert. Jeder Segler muss mal gekentert sein! Das gehört einfach dazu. Und jetzt labere nicht rum. Wir stellen das Boot wieder auf."

Gabi merkte nach dem ersten Schock, dass ihr Mund schmerzte. Sie blutete und stellte fest, dass es von ihrem Zahnfleisch kam. Der linke obere Schneidezahn wackelte wie ein Lämmerschwanz. Vorerst egal. Sie wollte nur noch nach Hause. Dazu musste sie sich zusammenreißen und beim Aufstellen des Bootes kooperieren. Plötzlich merkte Thomas, dass es ihm schlecht wurde. Er hatte seinen Kopf angeschlagen und sein rechtes Bein verletzt. In diesem Moment dachte er „jetzt ist es mit mir zu Ende". Um auf das Boot zu gelangen, zog Gabi ihr schweres Ölzeug samt Stiefel aus. Thomas schaffte es nicht hochzuklettern. Nur sein Oberkörper ragte aus dem Wasser. In den nächsten Stunden klammerte er sich am Rumpf fest, ging aber immer wieder unter. Gabi versuchte, das Boot nach allen Regeln der Kunst aufzurichten. Es ging nicht. „Ich bin zu schwach", sagte sie erschöpft. Thomas wurde apathisch. „Bleib wach Thomas, bleib wach!", wiederholte sie wieder und wieder. Ab und zu sahen sie einige Boote in der Ferne, doch niemand entdeckte sie. Irgendwann, nach

Stunden in der Kälte fasste Gabi einen Entschluss. „Du Thomas, ich schwimme ans Ufer. Das sind nur zwei Kilometer." Sie sprang vom Boot und schwamm von ihrer Schwimmweste getragen los. Als sie circa 50 Meter vom havarierten Boot entfernt war, bemerkte sie, dass alles Schwimmen nichts nützte, weil sie parallel zum Ufer abgetrieben wurde. Sie wurde panisch und schwamm um ihr Leben. Mit letzter Kraft erreichte sie wieder Thomas und das Boot. „Ich habe für dich gebetet", sagte Thomas. „Und hoffentlich auch für meine Eltern!", keuchte Gabi. „Ich muss mich um sie kümmern. Ich kann sie jetzt nicht alleine lassen, sie brauchen dringend meine Hilfe in ihrem Rechtsstreit mit den Nachbarn."

*

Fünf Stunden nach dem Unfall kamen zwei Jugendliche in einem kleinen Motorboot vorbei. Hilfsbereit sprang einer ins Wasser und half Thomas und Gabi in sein Boot zu bugsieren. Da sie kein Handy dabei hatten, um Hilfe zu holen, wollte er noch schnell das Segelboot aufrichten und es dann an Land segeln. Gabi sah, dass er Erfahrung hatte, doch trotzdem steckte das Boot fest. Was alle nicht wussten war, dass der Siebenmetermast sich in den Schlick des Naturschutzgebietes eingegraben hatte und dass das Boot mit Manneskraft gar nicht mehr aufzurichten war. Zum Glück hatte der Wind nachgelassen. Gabi schaute gen Himmel und betete für ein Wunder. Dieses ließ nur fünf Minuten auf sich warten und kam in Form des Mooser Solarbootes dahergeschwommen.

An Bord waren zwei Personen. Der Captain und sein Besucher aus Kanada. Mit dem heldenhaften Einsatz des durchtrainierten Kanadiers, der unter die Jolle tauchte und ein Seil am Mast befestigte, war es dem Captain der Solarfähre mit Geschick und Geduld möglich, den Mast aus dem Schlick zu befreien. Der Jugendliche segelte dann das Boot in den Hafen der *Wäschbruck* zurück. Thomas wurde an Bord des kleinen Motorboots ohnmächtig. Die inzwischen von der Solarfähre aus alarmierte Wasserschutzpolizei brachte ihn und die erschöpfte Gabi in die Klinik nach Radolfzell. Bei ihm wurden Herzrhythmusstörungen und eine Gehirnerschütterung diagnostiziert. „Wo ist Gabi? Mir ist nur wichtig, dass Gabi nichts passiert ist", wiederholte Thomas wieder und wieder in den kurzen Phasen, in denen er das Bewusstsein wiedererlangte. Doch Gabi war weg.

Die Bilanz:

- Ein verlorenes Handy — 800 Euro
- Eine verlorene Badeleiter — 400 Euro
- Vier aufgegangene Automatikwesten — 80 Euro
- Ein Abendessen für die Retter — 400 Euro.

Das macht <u>1680</u> Euro.

- Ein abgestorbener Schneidezahn — unbezahlbar
- Eine geplatzte Beziehung, Scheidungskosten von 9980 Euro —

... gespart.

10. Die alte Forstei und ihre Bewohner

Seitdem sie in der Seestraße residierte, war sie die allerbegehrteste Tochter, Mutter, Schwester und Freundin. In dem Nest bei Stuttgart, wo sie zuvor wohnte, hatte sie selten Besuch bekommen. Was so eine Wohnung am Bodensee, auch noch mit Seeblick, doch ausmacht. Carla nahm das nicht persönlich. Sie hätte sich ausgenutzt oder beleidigt fühlen können, weil sie von der Durchschnittsfreundin plötzlich zur begehrten Herzdame für ihre Mitmenschen avanciert war, aber Carla war der Ansicht, dass sie sich schon viel früher in ihrem Leben so begehrenswert hätte machen sollen. Hast du was zu bieten, dann bist du beliebt, war ihre logische Schlussfolgerung.

*

Dass sie im Forsteihaus wohnen durfte, war wie ein Sechser im Lotto. Seitdem Carla das Glück hatte einzuziehen, glaubte sie daran, dass Träume wahr werden können. Es war, als hätte der Flaschengeist aus *Aladdin und die Wunderlampe* zu ihr gesagt: „Dein Wunsch sei mir Befehl." Und sie befahl.

*

Zur Wohnungssuche hatte sie das Internet bemüht und war gleich als erstes auf die Homepage von *ReWa Immobilien* gestoßen. Und gleich das erste Bild, welches sich ihr bot, war der Blick auf den See. Sie hatte sieben Mitbewerber für die Wohnung, war sich aber sicher, dass sie die Favoritin war. Sie konnte ein gesichertes Einkommen bieten, war Nichtraucherin und besaß keine Haustiere. Jahre später sollte sie den tatsächlichen Grund erfahren, weshalb ausgerechnet sie als Mieterin ausgewählt wurde. Unglaublich aber wahr — die Vermieterin hatte selbst einmal in dem Nest bei Stuttgart gewohnt, aus dem Carla kam.

*

Das geschichtsträchtige, in der Seestraße 67 befindliche ehemalige Amtshaus der Abteien Petershausen und Stein am Rhein steht unter Denkmalschutz. 1903 kaufte die Stadt Radolfzell das Gebäude vom Land Baden für 16.000 DM. Es fungierte als österreichisches Militärlazarett, württembergische Kameralkanzlei, Schule, Haus der Partei im 2. Weltkrieg und ab 1951 als Haus der Jugend.[12] 1996 wurde es komplett saniert, in Eigentumswoh-

---

[12] Späth, Doris-Carola; Ein Streifzug durch die Radolfzeller Altstadt, Radolfzell, 2000.

nungen aufgeteilt und verkauft,[13] doch die Bewohner, welche auch vor der Sanierung schon dort wohnten, blieben hartnäckig und wollten auf keinen Fall ausziehen. Der Eigentümer der Dachgeschosswohnung hatte alle Mühe mit ihnen. Täglich waren sie da und belästigten ihn. Sie kackten sogar in sein Badezimmer, was er überhaupt nicht lustig fand. Immer wieder war er mit dem Putzlumpen unterwegs, um den lästigen Kot zu entfernen.

Zu den Zeiten als das Dach baufällig war und die Dachziegel fehlten, fühlten sie sich wohl und konnten gar nicht verstehen, weshalb ihr angestammter Platz jetzt nicht mehr zur Verfügung stand

— die Tauben.

13

http://www.radolfzell.de/bausteine.net/f/10302/Forsteibrunnenklein_out.swf?fd=2.

11. Hochzeit im Münster

Ihr richtiger Name war Valentina, doch schon als Kleinkind nannten die Erwachsenen sie Schneewittchen. Sie hatte eine makellose elfenbeinfarbene Haut, pechschwarze Haare und einen Himbeermund. Als ihre Eltern mit ihr nach Japan umzogen, stand sie wegen ihrer außergewöhnlichen Schönheit im Mittelpunkt des Internationalen Kindergartens. Danach erlebte sie in Radolfzell eine unbekümmerte Kindheit, absolvierte das Abitur an der idyllisch gelegenen *Mettnau Schule* und war Zeit ihres Lebens ein Papakind. Egal was sie tat, ihr Vater unterstütze sie immer. Es fiel Valentina schwer, sich für eine Karriere zu entscheiden, denn sie hätte sich zu weit von ihrem Elternhaus wegbewegen müssen. Nur einmal versuchte sie ihr Glück kurz in Stuttgart. Danach nahm sie vorzugsweise Gelegenheitsjobs in der Umgebung von Radolfzell an. Dass sie nicht viel Geld verdiente, war ihr egal. Lieber lag sie im Bett und las *National Geographic*. Das gab ihr genügend Gesprächsstoff, um mit ihrem Papa bis spät in die Nacht zu philosophieren. Über die Jahre hatte sie drei längere Beziehungen zu Männern gehabt, doch der Richtige war nicht dabei gewesen und deshalb war sie seit drei Monaten wieder solo. Folglich war es nicht verwunderlich, dass ihre 28-jährige „kleine" Schwester vor ihr heiratete. Für Valentina war bereits das siebenunddreißigste Lebensjahr angebrochen.

*

Zwei Jahre vor dieser Hochzeit passierte eine Familientragödie, welche das Leben der Schwestern und ihrer Mutter heftig erschütterte.

Valentina ließ sich daraufhin ein Tattoo auf die Innenseite des linken Oberarmes stechen, denn Links kommt bekanntlich vom Herzen.

„I will always love you, Dad"

Das Schriftbild des erwachsenen Mannes mutete kindlich-naiv an. Als Vorlage für die Buchstaben hatte Valentina alte Briefe ihres Vaters verwendet und dann diesen Satz konstruiert, der vom Tattoo-Künstler auf ihren Oberarm projiziert und nachgestochen wurde. Sie war mit dem Ergebnis sehr zufrieden.

Die Liebe ihres Vaters hatte ihre bereits angeborene emotionale Intelligenz gefördert. Valentina verschenkte ihr großes Herz freigiebig und fürsorglich. Am Abend des Junggesellinnenabschieds umarmte sie ihre kleine Schwester wieder und wieder, drückte ihr Gesicht an ihre Brust und küsste sie auf die Stirn. Passend zu ihrer zart rosafarbenen Bluse hatte Valentina ihr Haupt mit einem Blumenkranz geschmückt. Hätte sie Flügel gehabt, dann hätte sie ausgesehen wie ein romantischer Engel. Sie hatte ihre kreative Ader ausgelebt und für alle Freundinnen des Junggesellinnenabschieds eine eigene pink basierte Nagellackfarbe zusammengemischt, welche holographisch in allen Regenbogenfarben schimmerte. Immer wieder ließ sie ihre kleine Schwester hochleben, auch wenn es ihr an diesem Abend von Zeit zu Zeit schwer ums Herz wurde. Ausgelassen feierten die Ladies an der *Strandbar* bis in die frühen Morgenstunden.

*

Am Morgen der kirchlichen Hochzeit gab es Tränen und beinahe einen Nervenzusammenbruch der Braut bei der Anprobe des Hochzeitskleides. Valentina hatte innen, auf der Stelle, welche über dem Herzen zu liegen kam, ein blaues Herz einnähen lassen. Der Stoff stammte von einem Herrenoberhemd ihres Vaters. Sie hatte es von der linken Brustseite ausgeschnitten und von einem Schneider einnähen lassen. „Sei nicht traurig. Papa ist ganz nah bei dir. Er wäre stolz und glücklich gewesen. Du bist eine wundervolle Braut."*

Valentina selbst hätte längst verheiratet sein können. Als ihr Vater von ihnen ging, hatte sie einen wundervollen Freund gehabt, der alles für sie tat. Episoden tiefster emotionaler Störungen, die es Valentina nicht ermöglichten, ihre Lebensfreude wieder zu erlangen, hatten ihn dazu bewogen, sich von ihr zu trennen.

Er wollte gerne für sie da sein, doch als er merkte, dass sie sich dauerhaft nicht aus ihrem Tief lösen konnte und vielleicht auch nicht wollte, gab er auf.

*

Einige Wochen vor der Trauung war das junge Paar zu einem Traugespräch bei einem Seelsorger gewesen. Trotz der vielen Vorbereitungen, die ein Hochzeitsfest mit sich bringt, war es ihnen wichtig, sich Zeit für das Gespräch über die Bedeutung der Trauung und ihrer Partnerschaft zu nehmen. Sie erinnerten sich an ihre ersten Küsse, welche sie im *Stadtpark-Pavillon* ausgetauscht hatten. Dann erzählten sie von den Plänen für ihren gemeinsamen Lebensweg. Sie sagten sich, was sie aneinander schätzten und besprachen, welche Rolle der Glaube in ihrer Ehe spielen sollte. Sie befassten sich außerdem mit der Frage, welchen Inhalt und Sinn das Eheversprechen habe „. . . bis der Tod uns schei-

det." An dieser Stelle brach die Braut in Tränen aus. „Bitte verlasse mich nie so, wie es mein Vater getan hat. Lass uns immer miteinander reden. Es gibt keine Probleme, die nicht menschlich sind oder unlösbar wären. Es gibt keinen Kummer, der so peinlich ist, dass einer von uns den Mut verlieren darf, darüber zu sprechen." Der Bräutigam nahm sie in den Arm und tröstete sie. „Dass dein Vater freiwillig von uns gegangen ist, war seine Entscheidung. Er hat es sich sicher nicht leicht gemacht.
Was geschehen ist, ist geschehen. Ich verspreche dir, immer für dich da zu sein."

*

Im Münster mit dem 82 m emporragenden und somit höchsten Kirchturm am Bodensee, der neun Glocken beherbergt, warteten 132 geladene Hochzeitsgäste, während ein Großteil der 2528 Orgelpfeifen das Paar begrüßte. Als die Braut in die strahlenden Augen ihres Mannes schaute, der ihr den goldenen Ring ansteckte, zu ihr „Ja" sagte und sie küsste, war das Glück für sie perfekt. Nur kurz dachte sie an das blaue Herz in ihrem Kleid.

Dann schloss sie mit der Vergangenheit ihren Frieden und freute sich so sehr über ihr Liebesglück, dass sie hätte platzen können.[14]

---

[14] http://www.auxilium-radolfzell.de/html/muenster_ulf691.html

12. Wasser, Feuer, Luft und Erde

Am Bodensee fühlen sich die Menschen in ihrer inneren Balance. Schaut man an einem sonnigen Tag von der Terrasse des *Strandcafés* auf das klare Wasser des Sees, so strahlt dieser Ruhe und Frieden aus. Der Betrachter schaut in das Spiegelbild seiner inneren seelischen Verfassung. Er erkennt seine Stärken, fokussiert sich auf seine Ziele und lebt in Harmonie mit sich und anderen. Der See symbolisiert eine tiefe Verbindung zu Freunden und die Fähigkeit, andere Menschen und sich selbst zu lieben. Ein ruhiger See drückt das Ende eines anstrengenden Lebensabschnitts aus. Am heutigen Abend ist das Wasser aber aufgewühlt und pechschwarz. Es fordert uns auf, unsere Tiefen zu erkunden, um mit Hilfe unserer eigenen Schattenanteile endlich inneren Frieden finden zu können.

*

Die Enddreißigerinnen Elke, Helga und Conny, stehen in der Dämmerung vor dem *Strandcafé*. Sie haben einen Tisch reserviert und werden durch laute Musik aus den 70ern angelockt. Durch die großen Fensterscheiben schauen sie in den hell erleuchteten Raum. Auf einem Tisch steht ein Rocker mit seiner Gitarre und spielt sich die Seele aus dem Leib. Ein Bild, das an die Rolling Stones in ihren besten Jahren erinnert.

Elke zu Helga: „Hast du nicht gesagt, dass das Restaurant für eine Trauerfeier geschlossen ist und wir in aller Ruhe im Nebenraum essen können?"

„Ja, hab' ich."

Conny: „Haben wir uns im Tag geirrt?"

Helga: „Nein, wir treffen uns doch immer mittwochs."

Die Frauen treten ein und nehmen im Nebenraum Platz.

Elke: „Der Typ spielt doch klasse. Ich finde es prima, dass hier mal der Punk abgeht. Es wurde höchste Zeit."

Helga singt mit: „I can't get no, I can't get no . . . satisfaction . . ."

Als sie die Karte zur Auswahl ihres Menüs gereicht bekommen, werden sie von der Kellnerin informiert. Sie entschuldigt sich für das Getöse und versichert, dass sie keine Ahnung hatte, dass die Trauerfeier so ausufern würde. „Aus der Erde sind wir genommen, zur Erde sollen wir wieder werden, Erde zu Erde, Asche zu Asche, Staub zu Staub", hatte der Pfarrer gesagt. „Ich war auf der Beerdigung dabei. Jetzt lassen sie den Phönix aus der Asche aufsteigen."

„Ja, das hat wirklich etwas Feuriges", kommentierte Conny.

Da es Spargelzeit war, bestellten die Freundinnen Gerichte in diversen Variationen: Spargelcremesuppe mit Curry, Basilikum und Garnelen; Spargel mit Lachs und Estragon-Sabayon; Spargel-Risotto und Spargel, klassisch, mit gekochtem Schinken und neuen Kartoffeln.

*

Der Lead-Sänger der Trauerfeier zelebrierte gerade den *Summer of 69*, als zwei angetrunkene Herren, in Jeans und Lederjacken, das Nebenzimmer betraten und die Ladies begrüßten:

„Hey, wollt ihr nicht rüber kommen und mit uns feiern?", fragten die Fremden.

„Wir kennen euch doch gar nicht und außerdem haben wir gerade unser Essen bestellt."

Die Männer setzten sich ungefragt und etwas flegelhaft an den langen Tisch. Sie ließen sich nicht abwimmeln.

„Wer ist denn gestorben?", fragte Elke ganz unverblümt.

„Der Eddie. Er war erst 41. Herzinfarkt."

„So jung!"

„Er hatte ein Unternehmen gegründet und für 80 Millionen verkauft. Das war halt viel Stress."

„Die Millionen nützen ihm jetzt auch nix mehr", warf Helga ein.

Was war das denn für ein Unternehmen und wie kam er auf die Idee?", wollte Conny wissen.

„Der Eddie hat nach der 10. Klasse die *Tegginger-schule* verlassen. Dann hat er drei Jahre lang zu Hause abgehangen, Bücher gelesen und Bockwurst gegessen. Sein Vater gab ihm jede Woche 20 Euro für seine Bockwürste und warnte ihn gleichzeitig, dass, falls er das Geld für Zigaretten ausgäbe, die 20 Euro futsch seien. Eddie war am Rauchen nie interessiert. Nach den drei Jahren hat der Eddie eines Tages seine Computerfirma gegründet."

„Also ein Self-Made-Millionär", stellte Elke fest.

„Genau. Und dann kam der Stress mit den Weibern. Die Ulla, seine Verlobte, konnte es nicht ab, wenn er mal wieder sein Haus in Saalbach voller junger Blondinen hatte. Er machte mit ihnen die Nächte beim Après Ski durch und ließ es sich mit Champagner ausgiebig in seiner privaten Sauna und dem Whirlpool gut gehen. Da nützte auch der türkisfarbene Porsche nix, den er Ulla vor die Tür gestellt hatte. Es gab immer Ärger."

„Und wer seid ihr von der Trauergesellschaft alle so?", wollte Helga wissen.

„Ach, wir kennen uns noch aus der Schulzeit."

. . .

Jetzt kam das Essen, was die Männer zum Anlass nahmen, sich zu verabschieden. „Kommt vorbei, wenn ihr fertig seid."

Das Gespräch hatte auf jeden Fall die Phantasie der drei Frauen angeregt, vor deren Augen ganze Szenarien von Sexorgien abliefen.

„Wollen wir da wirklich nachher hingehen?", fragte Conny.

„Nee, lass mal, die Nummer ist mir ein wenig zu heiß", meinte Elke.

Nach dem Hauptgang entschuldigte sich Helga, um zur Toilette zu gehen. Elke erzählte derweil von ihrer *Zeller Kultur e. V.* Laientheatergruppe, mit der sie „Das Wunder von Wörgl" aufführte und Conny sprach vom neuen Logo der Zahnarztpraxis, in welcher sie arbeitete. Sie fragten sich, wie es wohl in Helgas Reifenhandel lief. Es gab immer wieder Reibereien, weil sie das Geschäft von der Pike auf ausgebaut hatte, bevor sie ihren Mann kennenlernte. Als studierter BWLer stieg er nach der Eheschließung mit ein. Sie war aber immer noch seine Chefin, und das lief gar nicht gut.

„Psst, sie kommt", zischte Conny.

Als Helga wieder an den Tisch kam, war sie total aufgeregt. „Ihr ahnt nicht, was mir eben passiert ist. Da haben zwei auf der Damentoilette gevögelt!"

Zwei weit aufgerissene Augenpaare.

„Haben die kein Zuhause? Erzähl'!"

„Naja, so wie ich das mitbekommen habe, wohnen beide nicht mehr in Radolfzell. Er hauchte ihr ins Ohr, dass er schon damals, zu Schulzeiten gerne mit ihr geschlafen hätte und sie keuchte: „Ich auch mit dir." Der Rest war Stöhnen. Offensichtlich holen sie jetzt gerade nach, worauf sie über 20 Jahre lang gewartet haben. Wenn sie vom Klo kommen, zeige ich sie euch."

Tatsächlich. Nach einer Weile kam zuerst der Typ mit Harley Davidson Jacke und Cowboystiefeln vorbeigeschlendert und dann, zehn Minuten später, kam sie. Ihre langen roten Haare sahen etwas derangiert aus und der gestreifte Minirock war ordentlich mitgenommen worden. Sie tippelte konzentriert um die Ecke, da sie etwas Schlagseite hatte, doch ihre Gesichtszüge waren sehr entspannt.

„Jetzt treffen wir uns schon seit so vielen Jahren zum Essen, aber so etwas haben wir noch nie erlebt", waren die Freundinnen sich einig.

Conny scherzte, dass Sex zum Dessert eine willkommene Abwechslung wäre, doch die Damen entschieden sich dann für Erdbeermousse, Erdbeer-Toreletts und Erdbeer-Tiramisu.

*

Als sie das Restaurant verließen, die frische Frühjahrsluft einatmeten und auf den aufgewühlten See schauten, reflektierte jede für sich das Erlebte auf ihre eigene Weise.

Welch ein denkwürdiger Abend, der sie so deutlich mit dem Tod konfrontiert hatte und ihnen die lebendigsten aller menschlichen Sehnsüchte offenbarte.[15]

---

[15] http://www.strandcafe-mettnau.de/25124/Home/start.aspx

13. Das Faktotum

Bögle auf Eilboot.

Krampfendes Innenleben.

Ruhe in Steinkunst.

16

---

16 https://de.wikipedia.org/wiki/Josef_B%C3%B6gle

14. Die Hausherren

Der See war spiegelglatt. Die Brüder Manfred T. und Wolfgang S. Körner saßen gedankenversunken auf ihrem Motorboot und warteten auf die Mooser Wasserprozession. Es war zwanzig Minuten nach sieben und die Sonne wärmte bereits. Die beiden waren vom Radolfzeller Hafen circa. 800 Meter Richtung Moos gefahren, um die blumengeschmückten Ruderboote in Empfang zu nehmen.

Manfred betrachtete die ebenfalls wartenden Kanus mit den Männern, die sich lautlos unterhielten. Er überlegte, wann er das letzte Mal einen Hecht aus dem See gezogen hatte. Danach fragte er sich, weshalb die Mooser eigentlich über den See fuhren. War es 1796, zu Zeiten der Viehseuche, für die Bauern nicht einfacher gewesen, den Fußweg zu nehmen, um die Radolfzeller Hausherren um Hilfe zu bitten?

Dank *Theopont* (Brücke zu Gott), *Senesius* (der Erleuchtete) und *Zeno* blieben die Tiere tatsächlich verschont und als Dank gelobten die Bauern, ihren Pilgerweg jährlich zu erneuern. Vorerst benutzten sie wirklich den Fußweg. Erst 1926 wurde aus der Fußprozession die Mooser Wasserprozession, nach welcher die Wallfahrt auch heute noch benannt ist.

Wolfgang nahm die Kanus neben ihnen gar nicht war. Er hatte vor zwei Wochen die Diagnose *klarzelliges Nierenkarzinom* erhalten und überlegte, wann wohl ein guter Zeitpunkt wäre, seinen Bruder einzuweihen. Er war wegen seines Flankenschmerzes und Blut im Urin zum Hausarzt gegangen. Dieser hatte den Tumor, nebst einer Lebermetastase, im Ultraschall entdeckt. Zusätzlich zeigten sich im Röntgenbild Lungenmetastasen. Bisher hatte er niemanden über seinen katastrophalen Gesundheitsstand informiert. Trotzdem merkte seine Frau Sibylle, dass etwas nicht stimmte, weil Wolfgang das Rauchen aufgegeben und seinen Glauben an Gott intensiviert hatte. Er besuchte auf einmal regelmäßig am Mittwochabend die Wallfahrtsmesse im Münster *Unserer Lieben Frau*, was er in den letzten Jahren nur selten getan hatte. Er sagte, es sei an der Zeit, seine Wurzeln zu pflegen. In Wirklichkeit vertraute er den Hausherren im Schutze der Kirchenmauern seine Angst vor der bevorstehenden Operation an und betete für Genesung.

*

Jetzt kamen die ersten Blumenboote näher und glitten an den Brüdern vorbei. Manfred nahm Fahrt auf und begleitete sie bis an die Radolfzeller Hafenmole. Danach parkte er sein Motorboot an seinem Liegeplatz. Die Geschwister hatten die ganze Zeit kein Wort miteinander geredet. Sie verstanden sich wortlos und besonders Wolfgang war momentan froh, einfach nur die familiäre Geborgenheit genießen zu können.

Jetzt verabschiedeten sie sich: „Schade, dass wir zur Arbeit müssen." — „Ja, ich würde auch gerne an den Feierlichkeiten des *Mooser Amts* teilnehmen."

*

Wolfgang hatte noch etwas Zeit und lenkte seine Schritte Richtung Kurpark. Dort setzte er sich auf eine Bank, schaute in die Ferne und ließ den gestrigen *Hausherren Sonntag* Revue passieren:

- Böllerschüsse, Hausherrenglocke, Turmblasen

In diesem Jahr war er nicht mit Sibylle auf den Turm gestiegen, um die grandiose Aussicht zu genießen. Er hatte sich zu ausgelaugt und schwach gefühlt.

- Musikalischer Morgenruf, Hausherrenamt, Münsterchor
- Prozession mit Reliquien und Segen

In diesem Jahr hatte er nicht mit Sibylle die Prozession begleitet. Er hatte sich zu matt gefühlt.

- Stadtkapelle, Bläservororchester, Jugendblasorchester
- Gondelkorso, Segeldefilee, Feuerwerk.

Beim Blick auf das gegenüberliegende Ufer erschien Wolfgang ein Geist über dem See. Er wischte sich die Augen und beim genauen Hinschauen erkannte er, dass es der heilige *Zeno* war. Er sprach:

„Geliebter Bruder, nichts ist für den Menschen, der geboren ist, vor allem so notwendig und angemessen, wie sich selbst kennenzulernen. Denn es ist ein Stück Wahnsinn, wenn er, der nicht einmal Aufschluss über sein eigenes Leben geben kann, solchen über das Geheimnis der Natur zu gewinnen versucht."

Dann verschwand die Gestalt im Sonnenlicht. *Zenos* Botschaft machte Wolfgang nachdenklich. Warum hatte die Natur ihm den Krebs geschickt? Was war in seinem Leben außer Balance geraten? Er gelobte dem heiligen *Zeno* dies zu ergründen. Vor allem durfte er seine Krankheit nicht länger verstecken. Er musste endlich ehrlich mit Sibylle sein. Angst und Beklemmungsgefühle hatten ihn davon abgehalten, seine Frau mit dieser Hiobsbotschaft zu konfrontieren, doch nach dem ersten Schock würde sie ihn bei seiner Genesung unterstützen. Darauf konnte er sich verlassen.

*

„Du musst etwas tun", hörte er Sibylle sagen, aber Wolfgang sah sich nicht als Kämpfer. Stattdessen handelte er so, wie es der heilige *Zeno* ihm aufgetragen hatte. Er machte sich auf die Suche nach seiner Persönlichkeit, um sich selbst besser kennenzulernen. Er dachte über die 300 Überstunden nach, die er jährlich angesammelt hatte und fragte sich, welchen Sinn sein Arbeitseifer in sein Leben hatte bringen sollen.

Er begann, früher von der Arbeit nach Hause zu gehen. Die gewonnene Zeit nutzte er zum Malen, um Kontakt zu seinem Unterbewusstsein aufzunehmen. Seine Bilder wurden durch die Kirchenfenster des Münsters inspiriert, welche er immer wieder studiert hatte. Sie ähnelten ein wenig der Kunst von Marc Chagall. Täglich betete er für seine Genesung.

„Sibylle, ich habe in einem Wahnsinn gelebt, der nicht meiner Natur entsprach. Vieles war verschüttet." Seine Frau nickte stumm.

Wolfgang nahm sich jetzt Zeit für Dinge, die er sich

früher verboten hatte. Er genoss Spaziergänge am See, Motorbootausfahrten mit seinem Bruder, Fotografieren in der Natur und Gartenarbeit. Abends kochte er mit Sibylle, schaute mit ihr Komödien im Fernsehen an, lachte herzlich und philosophierte mit ihr über die schönen Seiten des Lebens. Sein Geist fühlte sich jetzt wieder so unbeschwert und frei an wie er es aus seiner Jugendzeit kannte.

Nach sieben Monaten bekam Wolfgang von seinen Ärzten bei einer Kontrolluntersuchung eine unerwartete Nachricht: Spontanheilung!

Er ist sich heute nicht sicher, was ihn geheilt hat. Die Selbsterkenntnis? Die Liebe zu seiner Frau? Die Geborgenheit in der Familie? Die Besinnung auf seine Persönlichkeit oder der Glaube an seine Hausherren? Wahrscheinlich war es ein bisschen von allem. Genaueres herauszufinden ist ihm auch egal, doch *Zenos* Erscheinung über dem See wird er nie vergessen.

15. Volkshochschule für Singles mit Niveau

Sie hatte zwei Jahre lang eine ON-OFF-Beziehung geführt und war sich dieses Mal ganz sicher, dass endlich Schluss war. Mit einem Glas Rotwein auf dem Couchtisch, daneben der aufgeklappte Laptop, saß sie heulend da und schrieb sich ihren Frust aus dem Leib. Er hatte sie nach Strich und Faden betrogen und sich mit den üblichen Geschichten Freiräume verschafft. Von wegen Geschäftsreise und Überstunden; er hatte sich heimlich mit seiner Geliebten getroffen. Auch seinen plötzlichen Hang zur Fitness hätte sie aufhorchen lassen müssen. Die hundert Liegestützen am Abend und das Joggen. Warum war sie nicht darauf gekommen, dass er diesen Aufwand betrieb, um für seine neue Flamme attraktiv zu sein? Nie, nie wieder würde sie auf Männerlügen reinfallen. Das schwor sie sich hier und jetzt. Sie ging hart mit sich ins Gericht, weil sie so naiv gewesen war und ihm vertraut hatte.

Dieser Zustand hielt wochenlang an. Nachts schlief sie nur drei Stunden lang. Dann stand sie auf und der Laptop lief heiß. Morgens duschte sie kalt, zog sich schick an, schminkte sich und ging zur Arbeit. In den wenigen Pausen, die ihr vergönnt waren, zog sie sich in die Toilette zurück und weinte bitterlich. Als sie sich wieder im Griff hatte, holte sie sich einen Kaffee und arbeitete weiter. Niemand kam auf die Idee dass sie litt. Eine Kollegin beglückwünschte sie sogar, weil sie so eisern ihre Frühjahrsdiät durchhielt und so toll abgenommen hatte. In Wirklichkeit konnte sie vor lauter Kummer kaum essen.

Als das Herbstprogramm der Volkshochschule Radolfzell in der Stadtbibliothek auslag, nahm sie ein Heft mit nach Hause und blätterte darin. Ihr Blick fiel auf einen Kurs: „Buch veröffentlichen im Selbstverlag." Da sich inzwischen über 300 Seiten ihres selbsttherapeutischen Schreibens angehäuft hatten, überlegte sie, ob sie diese als Roman herausgeben solle. Immerhin könnten ja wenigstens ihre Geschlechtsgenossinnen aus ihren Erfahrungen lernen und sich viel Ärger ersparen. Ein Abend an der VHS, drei Stunden, 39 Euro, das schien ihr einen Versuch wert.

*

Er zog wie immer ein weißes Hemd, eine schwarze Hose und ein graues Sakko an, wenn er einen Kurs an der Volkshochschule gab. Wenn diese Kleidungsstücke auch nicht mehr ganz neu waren, so sahen sie wenigstens professionell und kompetent aus. Während er im Spiegel sein Konterfei betrachtete, kämmte er seine schwarzen, nackenlangen Haare zurück, betrachtete kritisch die beginnenden Geheimratsecken und strich sich die buschigen Augenbrauen glatt. Noch ein Spritzer Emporo Armani und dann schlüpfte er in seine geliebten Budapester. Mit einem Griff an das linke Handgelenk versicherte er sich, dass er seine goldene Omega Seamaster von 1965 mit dem braunen Lederarmband trug. Dann betrat er die Straße, wo sein schwarzer knatternder Audi Quattro von 1991 stand.

Als gelernter Uhrmacher hatte er einen Uhrenkrimi geschrieben und im Selbstverlag veröffentlicht. Eigentlich wurde aus der Not heraus sein Schreibhobby geboren, denn so war er vielen langweiligen Abenden vor dem Fernseher mit seiner Frau entgangen. Auch heute war es ein Abend der Flucht, doch sie hatte den Spieß umgedreht und war zuerst, zu einem „Mädelsabend", aus dem Haus gegangen.

Als er im Computerzimmer Nummer 1 eintraf, saßen bereits seine Teilnehmer an ihren Plätzen: Eine achtzigjährige Kölnerin, ein junger Typ mit Drachen-T-Shirt, ein Frührentner, eine Hausfrau und die Frau mit der ON-OFF-Beziehung. Er stellte sich kurz vor, zeigte allen seinen Uhrenkrimi und fragte dann, was die Teilnehmer gerne veröffentlichen wollten.

Das Drachen-T-Shirt hatte einen Phantasieroman geschrieben, der Frührentner und die Kölnerin wollten ihre Familiengeschichte erzählen und die Hausfrau hatte erotische Kurzgeschichten erfunden, die sie unter einem Pseudonym veröffentlichen wollte. Der Buchtitel sollte heißen: „Wenn der Postbote klingelt".

Die ON-OFF-Beziehung hatte ihr Trennungsbuch „Ein Haus am See" genannt, um nicht gleich mit der Tür ins Haus zu fallen.

Dann begann er zu erklären, was zu tun war. Das Einrichten der Accounts verlief reibungslos, doch als die Teilnehmer versuchten, ihre Bücher auf die Internetseite hochzuladen, kam der Kurs ins Stocken. Da fehlte wohl die Bandbreite, denn aus fünf Minuten Warten wurden fünfzig Minuten warten.

Das Drachen-T-Shirt verabschiedete sich schon nach eineinhalb Stunden und meinte, dass er das von zu Hause aus schneller regeln könne. Auch die ON-OFF-Beziehung ging recht bald nach Hause. Sie hatte alle nützlichen Informationen verstanden und fürchtete nach dem Inhalt ihres Buches gefragt zu werden, wenn sie noch länger bliebe. So half der Dozent der Kölnerin und bewunderte den Rentner, der mit viel Geduld das Hochladen seines Dokuments abwartete und liebenswürdigerweise die erotische Hausfrau unterstützte. Am Ende des Abends war er peinlich berührt und unzufrieden wegen der technischen Probleme in Computerzimmer Nummer 1. Er trank zur Entspannung noch einen Absacker in der nahegelegenen *Cici Bar*, bevor er sich in seinen Audi Quattro setzte und nach Hause fuhr.

*

Zwei Jahre später.

Nach dem Uhrenkrimi hatte er eine Audi-Quattro-Road-Story geschrieben. Bei seiner Frau waren aus den „Mädelsabenden" romantische Abendessen zu zweit im *Basilikum* oder *Zwirners* geworden. Danach gab es heiße Liebesnächte und wenig später zog sie konsequenterweise aus der ehelichen Wohnung aus und hinein in die Belle Etage ihres neuen Freundes, der im Konstanzer Musikerviertel wohnte.

Unserem Hobbyautor war das gar nicht unrecht, denn nun konnte er wieder einmal nach Herzenslust Handwerkern. Er beschloss, seine Eigentumswohnung neu zu streichen, das Laminat hinauszuwerfen und einen Parkettboden zu verlegen. Zu diesem Zweck klapperte er in Radolfzell drei Parkettgeschäfte ab und suche sich dann den schönsten Boden aus. Beim letzten Geschäft angekommen, sprach ihn die Verkäuferin, beim Herausgehen an:

„Haben Sie nicht vor zwei Jahren diesen Volkshochschulkurs zum Selbstverlag angeboten?"

„Oh, ja, jetzt erkenne ich Sie wieder. Dass die Internetleitung so langsam funktionierte war mir so peinlich, nur Mundgeruch wäre schlimmer gewesen. Sie sind doch sogar früher gegangen, wenn ich mich recht erinnere."

„Für die lahmen Computer konnten Sie ja nichts."

„Schön, dass Sie das sagen."

„Auf jeden Fall habe ich aufgrund Ihres Kurses mein Buch veröffentlicht. Es ist seit einem Jahr per Mausklick über das Internet zu bestellen. Wenn Sie das Parkett bei mir kaufen, schenke ich Ihnen ein Exemplar dazu."

„Sehr freundlich von Ihnen. Ich werde es auf jeden Fall lesen. So oder so."

Aus dem Verkaufsgespräch wurden Mittagessen zu zweit im *Pomodoro* und romantische Abendessen im *Vela* oder in der *Alten Mosterei Cosimo*. Danach gab es heiße Liebesnächte in seiner Wohnung und sie zog dann konsequenterweise bei ihm ein, denn ihr Parkett war ja schon da.[17]

---

[17] http://www.vhs-konstanz-singen.de/index.php?id=362

16. Die Bora Sauna

Wenn Tanja nach dem Besuch der Erdsauna, der Kelosauna, des Sanariums, des Dampfbades, der Rauchsauna oder der Bambussauna unter der Eisbrause steht, fühlt sie sich wie eine Siebenundzwanzigjährige. Ihr Körper kribbelt und ihre Zellen leben. Gerne entspannt sie in der Salzgrotte, welche ihren bronchitisgeplagten Atemwegen guttut oder sie sucht das einzigartige Onsenbad auf, welches sie an ihren Urlaub in Tokio erinnert.

Sie geht grundsätzlich alleine zum Schwitzen und folgt dabei einem alten schamanischen Ritual. Es beginnt mit der Einladung der Ahnen und Geister und mit der Bitte um deren unterstützende Energie.

Dann folgen vier Saunagänge:

- Danken, für alles Erlebte
- Bitten, für sich und andere
- Geben von Liebe, Wissen und Energie
- Suchen nach Visionen, die Eingebungen und Erkenntnisse schenken sollen.

Sie spricht mit niemandem. Sobald sie wieder zuhause ist, trinkt sie bei Kerzenschein einen ayurvedischen Kräutertee, legt sich in ihr Futonbett und schläft entspannt ein.

Wenn sie am nächsten Morgen erfrischt aufwacht und sich schön geschminkt hat, sieht sie aus wie eine Neununddreißigjährige´. Aber wehe, wenn der Arbeitsalltag an ihr nagt! Dann verkrampft der Stress ihre Gesichts-muskulatur zu einem Zerrbild ihrer selbst. Schaut sie am Abend abgeschminkt und müde in den Spiegel, erschrickt sie dann wegen ihrer Gesichtsfurchen und dunklen Augenränder.

Apropos Augen, inzwischen hat sie eine Lesebrille mit +3 Dioptrien und in die Ferne kann sie auch nur noch mit Augengläsern scharf sehen. Diese sind ihr nachts beim Autofahren besonders nützlich. Die Lesebrille drängte sich ihr bereits im Alter von 42 auf, als sie, nicht ortskundig, bei Nacht in Konstanz das Restaurant *Zum Pfannkuchen* suchte. Heute würde sie kaum auf die Idee kommen, bei Nacht in einer fremden Stadt ein Lokal aufsuchen zu wollen. Noch nicht einmal für ein Date mit George Clooney – oder sagen wir lieber, mal abgesehen von einem Date mit George Clooney.

*

Saunieren und Ausschlafen sind Tanjas Hobby Nummer eins geworden, gefolgt von einer Non-Fast-Food-Diet mit Fisch, Olivenöl, Gemüse, Tofu, Obst, Nüssen und viel Wasser oder Tee.

In letzter Zeit, wenn sie mal wieder eine Birne isst, denn die soll gut für die Haut sein, stellt sie sich die Frage, wie alt sie eigentlich mal werden will. Sie beobachtet, wie sich in der Stadt die Omis mit ihren antrieblosen Rollatoren in gebückter Haltung über den Marktplatz schleppen. Ihr Blick fällt auf sehr alte Männer, die windschief dahintippeln und von ihren - auch schon alten - Kindern auf dem Weg zur *Villa Windschief* gestützt werden müssen. „Welch trauriger Anblick", sagt ihr Kopf und ihr Herz blutet. Sie hat sich vorgenommen bis zu ihrem letzten Tag aufrecht durch die Zeller Straßen laufen.

Und schon macht sie sich wieder auf den Weg zur Verjüngungssauna, um zwischendurch nackig in den Pool zu huschen oder in den Bodensee zu springen und zu planschen wie eine Zwölfjährige.

Auch die lokale Prominenz ist in der Bora Sauna anzutreffen. Als sie eines Tages mit dem Herrn auf der Ruheliege neben ihr ins Gespräch kommt, stellt sich heraus, dass er der Bürgermeister von Moos ist.

Seit dem Bau des *Bora Hotels* ist der Badegast Freiwild für die meist unfreiwilligen Betrachter geworden, welche den atemberaubenden Blick von der Dachterrasse genießen. Dieser reicht bei schönem Wetter bis zu den Alpen und bis zu den unbekleideten Hügellandschaften der Körperkulttouristen, wenn es diesig ist.

*

Kürzlich war Tanja nach Hawaii gereist. Sie hatte in einer der Zeitschrift *Happinez* vom schamanischen „Ho´oponopono"-Brauch der Aussöhnung und Vergebung gelesen und wollte lernen, diesen zu praktizieren. Dort traf sie ein Ehepaar aus Frankfurt, welches sich ebenfalls für die spirituellen Praktiken der Ureinwohner interessierte. Fast bescheiden verkündete das Jetset-Paar aus Mainhatten nach der „Ho´oponopono"-Zeremonie bei einem Cocktail:

„Wir fliegen nicht immer um die halbe Welt, um unseren Seelenfrieden zu finden. In Deutschland gibt es auch tolle Ecken. Letzten Sommer haben wir uns für den Bodensee entschieden. Dort ist es absolut ruhig und da gib es ein wundervolles Hotel mit Sauna, in dem man sich prima erholen kann. Sie werden es nicht kennen, es ist sehr abgelegen, in einem Ort der Radolfzell heißt.

Das Hotel heißt *Bora*, wie Seewind."

Tanja lächelte überlegen: „Warum sollte ich es nicht kennen? Ich wohne ja nur wenige Meter davon entfernt."[18]

---
[18] https://www.bora-sauna.de

17. Herbst an der Hafenmole

> El Niño badet.
>
> Gemächt schwebt unter Wasser.
>
> Wind bläst schaurig kalt.

Stuttgarter Zeitung, 9. September 2011

Radolfzell - Täuschend echt muss die Skulptur „El Niño" in Radolfzell am Bodensee auf einen Jugendlichen gewirkt haben. Über Notruf verständigte der 15-jährige die Polizei, dass eine kaum bekleidete Person im seichten Uferbereich des Bodensees sitze und nicht ansprechbar sei, teilte die Polizei Konstanz am Freitag mit. Polizei, Rettungswagen und ein Notarzt eilten los, um die vermeintlich lebensmüde Person aufzugreifen. Am Seeufer angekommen identifizierten die Beamten den „Lebensmüden" unschwer als Kunst. Die Einsatzkräfte lobten dennoch das fürsorgliche Verhalten des Jugendlichen. Die Steinfigur „El Niño" des in Stuttgart lebenden Künstlers Ubbo Enninga stellt einen hockenden Mann dar. Bei niedrigem Wasserstand befindet sich die Figur komplett auf dem Trockenen.[19]

---

[19] http://www.stuttgarter-zeitung.de/inhalt.el-nino-am-bodensee-jugendlicher-ruft-besorgt-die-polizei.b75fc36b-737a-4879-b926-7f1e7e76fe89.html.

18. Nathalies Plan

In diesem Winter wollte Nathalie sich verlieben und sie hatte auch schon einen Plan.

Sie kaufte sich ihre ersten Schlittschuhe im Sportgeschäft an der *Höllturm-Passage* mit dem Inhalt ihres pinkfarbenen Sparschweins. Behutsam strich sie über die Kufen, welche blitzscharf waren wie eine Messerklinge. Seit einer Woche waren die Temperaturen frostig gewesen, weshalb sie, mit einem Mischgefühl aus Stolz und Vorfreude, ihre neue Errungenschaft zum *Markelfinger Winkel* trug. „Betreten verboten", las sie auf einem großen Schild, das nahe dem Ufer stand. Sie war mega enttäuscht. Mit hängendem Kopf ging sie nach Hause, bereute ihren Kauf aber nicht, weil sie auf einen eiskalten Winter mit heißen Liebeserklärungen hoffte.

„Kind, was hast denn du gemacht?", fuhr es aus der Mutter heraus, als Nathalie mit den Schlittschuhen aufkreuzte.

„Siehst du doch, ich habe Schlittschuhe gekauft."

„Und von welchem Geld?"

„Da habe ich schon lange drauf gespart. Das habe ich dir doch schon letzten Winter gesagt."

„Kind, bist du dir sicher? Na, hoffentlich hast du da keinen Fehler gemacht. Der See ist doch noch gar nicht zugefroren."

*

Eine Woche später kam Nathalies Freundin Anni gleich morgens auf sie zugerannt. „Weißt du schon? Der *Markelfinger Winkel* ist zum Schlittschuhlaufen freigegeben." Die beiden Neuntklässlerinnen waren außer sich vor Freude. Sie hüpften und tanzten den ganzen Tag durch die Schule und hatten nichts Anderes im Kopf, als ihre Kreise auf dem See zu ziehen - fast nichts Anderes.

Wie verabredet wurden am selben Nachmittag um Punkt drei Uhr Nathalies Schlittschuhe eingeweiht. Auf dem Eis war bereits einiges los und Anni nahm Nathalies Hand, damit sie sich auf das Üben konzentrieren konnte und nicht gleich einen Unfall baute. Kaum konnte Nathalie im Schritttempo fahren, bestand Anni darauf, dass sie das Bremsen lernte. Dazu musste sie die Zacken, welche vorne an den Kufen angebracht sind, dosiert über das Eis rattern lassen, wie die tanzende Nadel einer Nähmaschine.

Inzwischen hatten sich einige Jungs aus der elften Klasse zum Eishockey getroffen und zogen eine echte Show ab. Zuerst markierten sie extra wichtig und mit extra großem Schrittmaß die Tore. Als Pfosten dienten Rucksäcke. Dann jagten sie mit ihren Schlägern über das Eis und ließen den Puck so schnell hin und her flitzen, dass die Mädchen ihn aus den Augen verloren. Und plumps, saß Nathalie auch gleich auf ihren vier Buchstaben. Schlittschuh zu laufen und gleichzeitig nach den Jungs zu glotzen, war halt nur etwas für Könnerinnen. Ihr Gesicht wurde sofort ganz heiß und sie schämte sich, weil einer der Jungs sie beim Sturz vielleicht gesehen hatte. Anni begriff sogleich: „Mach dir keinen Kopf. Die sind doch mit sich selbst beschäftigt."

„Du hast gut reden, du kannst ja schon Schlittschuhlaufen."

„Komm, wir schauen den Jungs ein wenig zu. Du hast ja jetzt einen Grund, dich zu erholen."

Anni reichte Nathalie die Hand; diese stand mit einem Ruck auf und warf ihre langen roten Haare in den Nacken, die wie hindrapiert auf ihrem hellblauen Anorak zu liegen kamen.

Es hatten sich schon einige Schaulustige am Spielfeldrand versammelt. Die Mädchen quetsch- ten sich im mittleren Feldabschnitt dazwischen. Hier witterte Nathalie Ihre Chance.

„Schau mal den mit den langen blonden Haaren und der roten Daunenjacke an, der sieht so ähnlich aus wie Simon Baker, den finde ich cool", flüsterte Nathalie in Annis Ohr.

Annis scharfer Blick hatte ihn sofort erfasst. Das war ja auch keine Kunst, bei DER Jacke. „Hmmm", schnurrte ihr Kehlkopf. „Ich finde den mit den kurzen schwarzen Haaren in der dunkelblauen Daunenweste gut. Er hat Ähnlichkeit mit unserem ehemaligen Eishockey-Bundestrainer, Uwe Krupp. Der ist geil."

„Seit wann interessierst du dich denn für Eishockey?"

„Mein Vater hängt, immer wenn Eishockey kommt, mit seinem Bier vor der Glotze ab. Er verpasst kein einziges Spiel. Er hat bis zu seinem Unterschenkelbruch selber mal für die Heilbronner Falken gespielt."

„Der Blonde hat so etwas Männliches, aber auch Romantisches an sich. Er ist ganz schön groß. Ich finde der Mann muss auf jeden Fall 10 cm größer sein als die Frau."

„Haha", witzelte Anni. „Hast du später mal vor, Stöckelschuhe zu tragen?"

„Wer weiß? Glaubst du er steht auf Musikhören und Kino?"

„Keine Ahnung. Der mit der blauen Daunenweste geht vielleicht gerne ins *Café Connect*. Das fände ich cool."

So schmachteten die Mädchen vor sich hin und träumten vom Händchenhalten und eventuell auch von ihrem ersten Kuss. Damit es nicht so auffiel, dass sie nach den Jungen schauten, liefen sie auch immer wieder Schlittschuh und chillten dann am Ufer. Anni holte aus ihrem Rucksack eine Kanne Roibuschtee und zwei Tassen hervor und Nathalie hatte selbstgebackene Kekse dabei. So feierten Sie vergnüglich den Tag, das sonnige Wetter und den Beginn einer hoffentlich langen Eislaufsaison.

„Komm, lass uns zusammenpacken und noch einmal bei den Jungs zuschauen", forderte Nathalie ihre Freundin auf.

„Neee, ich bin schon hundemüde und will nach Hause."

„Ach bitte, nur noch ein Mal. Ich will sehen, ob der Blonde mir immer noch gefällt und du könntest auch nochmal den Typ mit der blauen Daunenweste abchecken."

„Das muss jetzt echt nicht sein. Was haben wir denn davon? Die sind doch nur darauf aus, ihre wilden Hormone rauszulassen und außerdem sind wir viel zu jung für die."

Doch Nathalie blieb beharrlich und Anni gab schließlich nach.

Es war bereits abendlich geworden und Nathalies Füße waren kurz vor dem Abfrieren, doch für den Anblick ihrer Flamme würde sie jederzeit ihren kleinen Zeh opfern. Anni buffte sie in die Seite. „Komm, lass uns Land gewinnen."

In diesem Moment blieb der Puck genau vor Nathalies Füßen liegen. Ungläubig starrte sie die schwarze Scheibe an. Dann hörte sie diesen Zischlaut, der durch das Abrasieren der obersten Eisschicht verursacht wird, wenn man mit Schlittschuhen abrupt bremst. Der Blonde hatte einen Parallelschwung genau vor ihrem Gesicht hingelegt. Nathalie hob den Kopf und ihre weit aufgerissenen Augen starrten fassungslos in seine stahlblauen Augen. Sie hielt den Atem an. Ein Schmerz durchfuhr sie, als hätte er eine Speerspitze durch ihr Herz gestoßen.

Einundzwanzig, zweiundzwanzig, dreiundzwanzig, dann riss er sich von Nathalies Blick los und spielte weiter. Ihr Herz raste jetzt im Schweinsgalopp und ihre Schlagadern hämmerten heftig in ihrem Kopf. Dann ergriff sie Annis Arm. „Halt mich fest, sonst falle ich in Ohnmacht."

*

Nathalie brachte zum Abendessen keinen Bissen herunter. Sie verzog sich nach dem Abwasch in ihr Zimmer, welches sie mit ihrer sechs Jahre jüngeren Schwester teilte. Ihre Gedanken kreisten nur noch um IHN. Die kleine Pia wollte spielen, doch das nervte heute kolossal. Nathalie stopfte die Hörer ihres Handys ins Ohr, lauschte ihrer Lieblingsmusik und ignorierte die Spielaufforderungen so lange, bis Pia aufgab. Sie schloss ihre Augen und sah im Geiste seinen durchdringenden Blick. Wieder sendete er diesen Speerspitzenschmerz durch ihren Körper. „Ich weiß noch nicht einmal seinen Namen", ging es ihr durch den Kopf. Die rote Jacke, das wehende blonde Haar, seine männlichen Bewegungen, sie ließ den Nachmittag wieder und wieder Revue passieren, so lange, bis sie endlich einschlief.

*

Nathalie hatte schon den ganzen Morgen Atom-U-Boote im Bauch und auf den Unterricht konnte sie sich gar nicht konzentrieren. Stattdessen malte sie Herzchen auf ihr Blatt. Am Nachmittag wollten die Freundinnen wieder aufs Eis gehen. Bei diesem Gedanken war es Nathalie so heiß, als hätte sie Fieber.

Im *Markelfinger Winkel* angekommen hielten die Mädchen Ausschau, doch von den Jungs war keine Spur zu sehen. Also konzentrierte sich Nathalie auf das Schlittschuhlaufen, damit sie elfengleich über das Eis gleiten konnte, wenn ER wieder auftauchte. Anfahren, Bremsen, Übersetzen und jetzt die erste Pirouette . . . Platsch. „Ich bin aber auch ein Tollpatsch", schimpfte sie mit sich selbst. Sie war so blöd auf ihren Po gefallen, dass sie nach Atem ringen musste. „Los, stehe auf, probiere es nochmal", forderte Anni sie auf, doch Nathalie tat das Steißbein höllisch weh und der Schmerz zog sich bis in ihren Unterleib. Sie lag auf dem Eis, nach dem Modell „sterbender Schwan" und ließ herzzerreißend ihre Flügel hängen. „Du must mir hochhelfen Anni, ich packe das nicht alleine." — „Na gut, weil du´s bist."

Das Ende vom Lied war, dass Nathalie am selben Nachmittag noch zum Hausarzt musste.

*

„Du hast jetzt die Wahl. Entweder ich stecke dir meinen Finger in den Po, um zu spüren, ob dein Steißbein wackelt oder ich schicke dich zum Röntgen. Nur so kann ich herausfinden, ob dein Steißbein gebrochen ist." Finger in den Po – Nathalie kniff automatisch die Gesäßmuskeln zusammen, was ihren Schmerz noch verstärkte. Bei dem Gedanken, dass sie die Hose runterlassen sollte, wurde sie rot vor Scham.

„Ich weiß, dass es dir peinlich ist, doch Röntgenstrahlen belasten deinen Körper und ich müsste dich heute Abend noch zum Radiologen überweisen."

„Jetzt hab dich nicht so", mischte sich Nathalies Mutter ein, die endlich nach Hause wollte, um die Familie mit Käsespätzle und Salat zu versorgen. Die Weihnachtsvorbereitungen nebst Lehrberuf mit h und jetzt noch das Steißbeinproblem waren einfach *too much* für sie. Nathalie fühlte sich wie ein Spanferkel, welches gleich aufgespießt werden soll und ließ widerwillig im Zeitlupentempo ihre Hose runter. „Tut das weh?", versuchte sie das Unvermeidliche hinauszuzögern.

„Ja, das wird etwas unangenehm werden", antwortete der Hausarzt, während er seinen grünen Latexhandschuh anzog. „Ich benutze etwas Betäubungsgel, dann flutscht es besser."

Seitenlage auf der Untersuchungsliege — Finger rein —wackel, wackel — ein Schrei — Finger raus — fertig.

„Klarer Fall von Steißbeinbruch. Hast du ein Kühlkissen zu Hause?", fragte der Doktor, während sich Nathalie mühsam aufrichtete und ihre Jeans zumachte.

„Ja," platzte die Mutter heraus, „haben wir."

„Und einen Schwimmring zum Draufsetzen?"

„Besorgen wir morgen. Sind wir jetzt fertig?"

„Nein. Sind wir nicht. Haben Sie Schmerzmittel zu Hause?"

„Welche Schmerzmittel? Wir schlucken keine Tabletten."

„Dann stelle ich mal ein Rezept aus. Das lösen Sie bitte gleich ein, damit Nathalie sofort zwei Tabletten einnehmen kann. Sonst wird sie die ganze Nacht kein Auge zu tun."

„Okay, wenn´s unbedingt sein muss."

Die Mutter sah wohl langsam ein, dass ihre Tochter

im Spagat zwischen Abendessen und Krankenversorgung jetzt Vorrang haben musste.

„Für die nächsten Tage ist Bettruhe angesagt. Am besten bleibst du in der kommenden Woche zu Hause."

Unter allen sonstigen Umständen wäre Nathalie gerne eine Woche im Bett geblieben, doch heute war diese Nachricht eine regelrechte Hiobsbotschaft. Mit schmerzendem Steißbein und noch mehr Schmerzen im Herzen verließ sie mit ihrer Mutter die Arztpraxis.

*

Die Woche in Bett schmeckte Nathalie gar nicht. Anni musste täglich berichten, ob sie Schlittschuh lief und wen sie gesehen hatte. An zwei Nachmittagen hatte sie den Blondschopf jetzt schon verpasst. Dienstag und Donnerstag.

In der Woche darauf nahm sie ihr Sitzkissen mit in die Schule, was für allgemeine Belustigung sorgte. „Hey, Prinzessin auf der Erbse", sagten die Freunde. „Hast ja heute wieder dein Furzkissen dabei", neckten die Feinde. An Schlittschuhlaufen war nicht zu denken und die Weihnachtsfeiertage, welche selbstverständlich für Oma, Opa, Tanten und Onkel reserviert waren, passten Nathalie überhaupt nicht in den Kram. Einen Tag vor Heiligabend schickte die Mutter sie mit ihrem Vater zum Kauf einer Nordmanntanne los, deren Samen *by the way* aus Georgien stammen, so sagte es der Lehrkörper mit h. Das brachte ein wenig Zerstreuung, da sie bei der Auswahl des Baumes mitentscheiden durfte. Und außerdem, vielleicht war ER ja auch gerade in der Stadt unterwegs? Vater und Tochter hielten abwechselnd die Tannen fest, betrachteten sie aus einigen Metern Abstand und diskutierten, welche wohl am geradesten wäre. Dabei nannte Nathalie ihren 37 Jahre jungen Vater beim Vornamen, weil sie Papa, Paps oder Dad, doof fand. „Hören Sie auf Ihre Frau, nehmen Sie diese", sagten zwei ältere Damen wie aus einem Munde. „Ich bin die Tochter", korrigierte Nathalie, die verwundert war, dass sie so erwachsen aussah. „Das kann gar nicht sein, sie wollen uns wohl einen Bären aufbinden. Das glauben wir nicht." „Doch, doch", bekräftigte Nathalies Vater. Nathalie überlegte, dass der Eindruck vielleicht deshalb entstanden war, weil sie ein wenig Rouge und Wimperntusche aufgetragen hatte. Wenn sie die Damen beeindrucken konnte, dann würde es bei ihrem angebeteten Elftklässler vielleicht auch klappen.

*

Im Januar endlich wollte Nathalie dann zielgerichtet am Dienstag zum *Markelfinger Winkel* gehen. Zuerst legte sie das bewährte Makeup auf. Was sie anziehen wollte, hatte sie schon längst überlegt. Über ihre lange weiße Unterhose, die ein wohlgemeinter Liebestöter ihrer Mutter war, zog sie eine schicke dunkelblaue Stretch-Hose an und über ihr warmes wollenes Leibchen ein praktisches Geschenk von Oma, einen hellblauen Norweger- pullover. Sie betrachtete sich selbstgefällig von allen Seiten im Spiegel. Geht doch! Es fehlte noch der hellblaue Anorak, fertig. Sie packte beschwingt ihre Kekse in den Rucksack. Mütze, Schal, Handschuhe, auf geht´s. Gerade als sie die Türklinke in der Hand hatte, hörte sie Ihre Mutter rufen: „Heute musst du Pia mitnehmen. Ich habe noch eine Klassenkonferenz." Nathalies flammendes Herz erlosch augenblicklich. Es half kein Betteln und kein Klagen, die kleine Schwester musste mit. Wie peinlich.

Pia war ganz aufgeregt und glücklich, mal bei den Jugendlichen dabei sein zu dürfen. Vor Freude war sie ganz zappelig. Schnell zog sie ihren rosafarbenen Anorak an und ging hoch erhobenen Hauptes aus dem Haus wie eine kleine Prinzessin. Auch unterwegs zappelte sie hin und her und plapperte in einer Tour davon, dass sie es toll fand, jetzt auch

Schlittschuhe zu besitzen. Nathalie hingegen antwortete nur, wenn es nötig war. Endlich erblickte sie Anni aus der Ferne und ihr Gesicht hellte sich auf. Die Jungen waren schon auf dem Eis und die rote Daunenjacke strahlte, obwohl es ein verhangener Tag war. Nachdem die Mädchen ein paar Runden mit Pia gedreht hatten, stellten sie sich so entspannt wie möglich an den Spielfeldrand und übten, den Puck zu verfolgen. Die kleine Pia verlor bald das Interesse und zupfte an Nathalies Anorak.

„Komm, lass uns Schlittschuhlaufen."

„Nein, ich will noch zuschauen."

„Komm, lass uns Schlittschuhlaufen", nörgelte sie wieder und wieder, bis Nathalie der Kragen platzte und sie Pia so leise wie möglich anraunzte: „Lass mich in Ruhe. Ich will hier stehen bleiben."

Zong, setzte es einen Tritt vor Nathalies rechtes Schienenbein. Die Bremszacken von Pias Schlittschuh gruben sich tief in ihr Fleisch ein. Die Narbe von dieser Aktion sollte Nathalie für ihr Leben lang an diesen Nachmittag erinnern. Sie unterdrückte einen Aufschrei, denn sie wollte keine Szene machen. Dann wendete sie sich so aufrecht wie möglich vom Spielfeldrand ab. Ihr rannen Tränen die Wangen herunter bis in die Mundwinkel, wo sie das Salz auf ihrer Zunge schmecken konnte. Dabei verlief ihre Wimperntusche, woraufhin Pia laut rief: „Sexy Hexi, sexy Hexi, wie eine Eule siehst du aus, haha." Jetzt packte Nathalie ihre Schwester fest am Arm und zerrte sie vom Eis. „So, jetzt gehen wir nach Hause. Jetzt ist Schluss mit lustig und ich nehme dich nie mehr mit." Anni blieb allein zurück. Das fand sie zwar schade, doch sie war ja inzwischen gewohnt, sich ohne Nathalie zu amüsieren.

In diesem Winter sollte es Nathalie aber doch noch gelingen, sich ungebunden auf dem Eis bewegen zu können. Ganz schmerzfrei, ganz ohne kleine Schwester und ganz im Sinne ihres Vorhabens.
Heute kaufte sie beim *Nahkauf* Lebkuchen zum halben Preis, denn Weihnachten war schon lange vorbei und ihre selbstgebackenen Plätzchenvorräte waren aufgebraucht. Dann machte sie sich auf den Weg durch die Unterführung bei der *FORA Folien-*

fabrik. Jedes Mal wenn sie die Treppen hinabstieg, musste sie an ihre Oma denken, welche hier im letzten Winter gestürzt war. Ihr langer, schlanker Körper war bei dem Versuch, ihr Fahrrad die steilen Treppen hinunterzuführen mitgerissen worden. Dabei hatte sie sich ihre Hände aufgeschürft, beide Knie blutig geschlagen und anschließend wochenlang über Schulter-schmerzen geklagt. In ihrem Ärger hatte sie sich einen Termin in Zimmer 23 des Rathauses beschafft.

„Kann diese Unterführung nicht umgestaltet werden? Sie ist viel zu steil. Es wäre genügend Platz für einen allmählichen Abgang in die Tiefe."

Mit der Begründung, dass die Baumaßnahmen eine Million Euro kosten würden, und man sich das nicht leisten könne, wurde Omas Antrag vom städtischen Angestellten abgeschmettert.

*

Gedankenverloren war Nathalie an den Aufstellern des sechs Kilometer langen *Life Pfads* vorbei gelaufen, der die Naturschutzgebiete *Bodenseeufer Markelfingen* und *Halbinsel Mettnau* verbindet. Als sie am üblichen Treffpunkt ankam stellte sie fest, dass die sonst so pünktliche Anni sie gnadenlos versetzt hatte. Der Grund wurde offensichtlich als Nathalie auf das Display ihres Handys schaute.

„Heute gibt's Sturmwarnung. Bleibe zu Hause."

„Zu spät." Weil die Sonne schien und vom Sturm nichts zu merken war, zog sie sich ihre Schlittschuhe an und fuhr los. Die Hockeyspieler heizten bereits über das Eis. Nathalie hatte die rote Daunenjacke sofort erspäht. An den Spielfeldrand stellte sie sich aber nicht. Das fand sie zu offensichtlich. Sie beschloss, ganz weit in Richtung *Mettnauspitze* zu fahren und genoss die Sonne und die klirrende Kälte. Die Luftfeuchtigkeit schlug sich auf ihren wehenden Haaren nieder und hinterließ einen weißen Überzug. Nathalie fühlte sich wie eine Eisprinzessin und merkte vor lauter Begeisterung nicht, dass von Westen her dunkle Sturmwolken aufzogen. Erst eine heftige Böe riss sie aus ihren romantischen Gedanken. „Wow, die hätte mich beinahe umgerissen", durchfuhr es sie. Sie drehte sofort um und steuerte zielstrebig das Ufer am Turnerheim an. Dabei musste sie gegen den heftigen Wind ankämpfen. Als sie dort ankam, hatte dichtes Schneetreiben eingesetzt und der See war menschenleer. Sie packte schnell ihre Sachen zusammen und steuerte die rettende Unterführung an. Abgehetzt stolperte sie die Treppen herunter, bog um die Ecke und erstarrte augenblicklich, als sie in zwei stahlblaue Augen blickte, die unter der Kapuze einer roten Daunenjacke hervorschauten. Reflexartig hielt sie den Atem an. Sobald ihr bewusst wurde, wie steif sie dastand, zwang sie sich, eine lockere Haltung anzunehmen, um cool zu wirken. Ein Lächeln kam über ihr Gesicht, welches durch ein freches Grinsen, mit Zahnlücke zwischen den Schneidezähnen, erwidert wurde.

„Jetzt sitzen wir hier fest", sagte er.

„Wo sind deine Freunde?"

„Die waren einfach schneller als ich. Übrigens, ich heiße Julian."

„Nathalie."

„Und deine kleine Schwester?"

„Wie kommst du auf meine kleine Schwester?"

„Du hattest sie doch mal dabei."

„Das ist dir aufgefallen?"

„Ja, denn ich habe einen kleinen Bruder, auf den ich auch manchmal aufpassen muss. Da gibt es regelmäßig Zoff."

„Pia kann eine ganz große Nervensäge sein. Sie hat diese Nörgeltaktik drauf und macht so lange rum, bis sie ihren Willen bekommt."

„Das kenne ich. Übrigens, mein Vater holt mich gleich vorne an der Straße ab. Können wir dich nach Hause bringen?"

„Das wäre super. Ich wohne auch gar nicht weit weg, ganz in der Nähe vom *Roten Kreuz*."

„Ich habe dich lange nicht auf dem Eis gesehen. Wo warst du denn?"

Nathalie war froh, dass sie um eine Antwort herumkam, weil in diesem Moment Julians Handy piepte.

„Mein Vater ist da, wir können losgehen."

Als Nathalie sich in Bewegung setzen wollte, sagte Julian: „Warte mal." Dann zog er sie an sich heran und küsste sie mitten auf den Mund.

„Das wollte ich den ganzen Winter schon tun. So, jetzt können wir gehen".

Nathalies Körper wurde zittrig und heiß und fing an zu kribbeln. Die wilden Atom-U-Boote flitzten wieder in ihrem Bauch herum. Wie auf Wolken lief sie hinter Julian her und setzte sich mit Bergen von rosa Watte im Kopf auf die Rückbank des Autos. Mechanisch beantwortete sie die Frage, wo sie aussteigen wollte. Die Heimfahrt erlebte sie wie im Film.

*

Nathalie war an diesem Abend so aufgeregt, dass sie wieder keinen Bissen herunterbrachte und sich gleich nach dem Abwasch in ihr Zimmer verzog. Sie war froh, dass Pia bald schlafen sollte, da sie am nächsten Tag ein Deutschdiktat schreiben musste.

Hatte sie sich Julians Vater eigentlich vorgestellt? Wie sah dieser Mann aus? Welches Auto fuhr er? Hatte sie sich beim Aussteigen bei ihm bedankt? Hatte sie zu Julian „Tschüss" gesagt? Hoffentlich hatte sie sich nicht blamiert!

Nathalie überlegte, ob sie Anni von ihrem Liebesabenteuer berichten sollte. Sie entschloss sich aber dagegen, weil sie Angst hatte, dass das aufregende Gefühl in ihrem Bauch dadurch nachlassen könnte. Außerdem wollte sie Annis neugierigen Fragen zu den Einzelheiten der Kussszene entgehen. Sie saß lächelnd auf ihrem Bett, hörte *Just The Way You Are* von Bruno Mars und gab sich ihrem Liebestaumel hin, der sie in die schwindelnden Höhen des Universums trug. Erst morgens um vier Uhr schlief sie ein.

*

Total übernächtigt ging Nathalie am nächsten Morgen zur Schule, malte Herzchen auf ihre Arbeitsblätter und wünschte sich, dass sie Julians Handynummer hätte. Erwartungsvoll ging sie bei der nächsten Gelegenheit zum *Markelfinger Winkel*, doch ihr Angebeteter war nicht anzutreffen. Sie hütete noch immer ihr Geheimnis. Anni würde es noch früh genug erfahren, sobald sie sich alle wieder begegneten. Die Kälte ließ viel zu schnell nach, die Tage wurden länger und das Eis drohte zu schmelzen. Ein letztes Mal in dieser Saison stand Nathalie neben Anni am Spielfeldrand, als der Junge mit der blauen Weste auf die beiden zusteuerte.

„Hey Anni, hey Nathalie, was geht?"

Er drückte Anni an sich und gab ihr einen Kuss.

Die perplexe Nathalie rang nach Luft. Dann stammelte sie: „Und wo ist Julian?"

„Hat Anni es dir nicht gesagt? Er liegt im Krankenhaus. Komplizierter Steißbeinbruch."

19. Die ungeschminkte Wahrheit

Das Finale, italienisch *fine*, steht für Ende. Finale ist aber auch ein deutscher Thriller von 1998, das Ende einer Oper, das Endspiel im Sport oder der Name einer Gaststätte in Radolfzell. Heute Abend haben sich die Fans der B12 Coverband[20] versammelt, die *Supertramp, Toto* und *Gerry Rafferty* wieder aufleben lässt. Das Ambiente der Gaststätte ist extrem schlicht. Am Eingang ist ein Weihnachtsbaum aufgestellt. Die Advents- dekoration ist spärlich, die Bedienung sehr freundlich und die Band genial, was die Tanzlust der Gäste beflügelt. Wie das Finale dieses Abends ausgeht, werden wir in einigen Stunden wissen. Der Raum ist gut gefüllt, also lassen wir mal unseren Blick schweifen:

An einem großen Tisch in der Ecke sitzen vier befreundete Paare. Sie kennen sich offensichtlich schon lange, denn die Stimmung ist vertraut und gelassen.

An einem anderen Tisch, beim Fenster zum Tennisplatz, findet sich nach und nach eine Gruppe von fünf Endvierzigerinnen ein, die alle super gut drauf sind.

---

[20] http://www.b12-partyband.de/

Mitten im Raum sitzen zwei Freundinnen mit ihrem Aperol Spritz.

„Siehst du den da, der gerade zur Toilette geht? Den kenne ich aus der Schulzeit, das war der Schwarm aller Frauen", sagt die Blondine zur Brünetten. Als er zurück zu seinem Freund an die Bar geht, wird er von der Brünetten genau gemustert. „Darauf wäre ich jetzt nicht gekommen. Er hat sich wohl inzwischen stark verändert."

*

Die gut gelaunten Endvierzigerinnen präsentieren sich als erste auf der Tanzfläche. Da gibt es die Romantische, etwas mollige mit braunen Marlene-Dietrich-Hosen und einer Paisley Bluse; die Einfache mit einem senffarbenen Sweatshirt und Jeans; die Strenge, mit schwarzen Lederhosen, einem Glitzer-T-Shirt und einer Nerdbrille; die Unscheinbare, an die sich keiner erinnern wird und die Verruchte. Sie trägt ein schwarzes Minikleid mit einem dicken silbernen Reißverschluss auf der Rückseite und dazu einen hauchdünnen Seidenschal. Als Beinbekleidung hat sie schicke schwarze Stiefel mit Stilettoabsätzen gewählt, schwarze Seidenstrümpfe und Strapse.

Sie hat schöne, lange schwarze Haare, doch ihr Gesicht sieht eher hausbacken aus, so dass der Vamp, den sie offensichtlich verkörpern will, nicht wirklich authentisch wirkt.

*

Die befreundeten Paare sind tanzlustig geworden und legen sogar einen Disco Fox aufs „Parkett". Die Blondine und die Brünette verlegen sich lieber auf's Mitsingen.

Die Männer an der Bar führen so intensive Gespräche, dass sie auch auf dem Mond hätten sitzen können.

Am Keyboard haut Barbara jetzt in die Tasten und Volker, der Saxophonist, genießt sein *Baker-Street-Solo*. In diesem Moment kommt ein blonder Typ mit einem Holzfällerhemd zur Tür herein. Er holt sich ein Bier an der Bar und fragt dann die singenden Freundinnen, ob er sich zu ihnen setzen darf. Diese haben kein sonderliches Interesse an ihm. Er ist schlank, groß und sieht sogar ganz gut aus, doch seine gebeugte Körperhaltung und sein schlurfender Gang verheißen ein deutliches Phlegma. Sie erlauben ihm aus Höflichkeit, Platz zu nehmen, nur um letztendlich zu verifizieren, dass ihr erster Eindruck stimmt. Die Brünette hat so eine Art Menschen auszufragen und erfährt Folgendes: Als Medizintechniker bei der Firma Dräger wurde er mit Anfang 50 arbeitslos. Seine Abfindung hat er in den letzten vier Jahren aufgebraucht. Er war kürzlich wegen Depressionen in Behandlung und arbeitssuchend. Für die Freundinnen ist klar, dass dieser Mensch nicht in ihren *inner circle* der gut gelaunten Freunde aufgenommen werden kann. Die Diagnose lautet: Zu viel Ballast. Sie kommunizieren dieses nonverbal, indem die Brünette ihm den Rücken zudreht, und zwar so lange, bis der Typ Leine zieht. Das ist für ihn kein Problem, denn er hatte bereits das nächste Opfer im Visier.

*

Rosanna von Toto hat einen so deutlichen Aufforderungscharakter wie eine einsame Bierdose auf dem Gehsteig. Die singenden Freundinnen stehen sofort auf und werden zu tanzenden Freundinnen. Beim *Logical Song* betritt eine wunderschöne junge Braut den Raum.

„When I was young, it seemed that life was so wonderful, a miracle, oh it was beautiful, magical."

Oh ja, ein Wunder kann an diesem Winterabend sicher jeder gebrauchen. Schon alleine das weiße Pelzbolerojäckchen strahlt die Magie einer Schneekönigin aus. Das mit einem Tour unterlegte schulterfreie Hochzeitskleid verführt die Frauen zum Schwärmen.
„Ich muss dir mal meine Hochzeitsbilder von vor 30 Jahren zeigen", sagt die Brünette. „Mein Kleid hatte Puffärmelchen, das war damals modern. Leider hat die Ehe nur drei Jahre gehalten. Ich habe mich von ihm häufig nicht verstanden gefühlt."

„At night, when all the world's asleep, the questions run so deep, for such a simple man."

Als der Bräutigam seine entführte Braut auffindet und sie zusammen zu tanzen versuchen, sind für die Brünette die Scheidungsquerelen vergessen. Welch liebevolles Paar. Er tritt andauernd auf den

Saum ihres Hochzeitskleides, worüber beide herzlich lachen. Sie versuchen trotz ihrer Schwierigkeiten, zumindest einen Tanz durchzuhalten. Die positive Energie des jungen Paares durchströmt den Raum. Als sie nach kurzer Zeit wieder zu ihrer Hochzeitgesellschaft zurück- kehren, steht dafür ein anderes Paar im Mittelpunkt.

*

Das Holzfällerhemd und die Strapse bewegen sich eindeutig zweideutig zur Musik. Er zieht ihren schlanken Körper immer wieder an sich heran, indem er sie an ihrem Po packt. Sie ziert sich, natürlich nur pro forma, denn ihre intensiven Blicke suggerieren absolute Hingabe. Das biedere Gesicht mit dem Augenaufschlag der Verführerin wirkt grotesk, doch dem Typ ist das egal, denn er nimmt die Verlockung zum Anlass, trotz schneller Musik einen Stehblues zu tanzen. Sie zupft immer wieder an ihrem hochrutschenden Minikleid, welches den Blick auf die Strapse freigibt, doch seine rechte Hand hat schon längst den Weg auf ihre nackte Haut gefunden.

*

Die Band gönnt sich jetzt eine Pause und Volker beginnt seine Publikumsrunde. Zuerst begrüßt er die beiden singfreudigen Freundinnen und dann die vier Ehepaare am langen Tisch.

*

Die Blondine legt ihre Hand auf den Arm ihrer Freundin.

„Schau dich mal um."

„Das wundert mich überhaupt nicht, doch es ging ganz schön schnell", kommt die trockene Antwort.

Das Holzfällerhemd hatte nicht lange gefackelt, und sich knutschender Weise über die Strapse hergemacht.

„Logical, practical, clinical, cynical."

„Es würde mich ja mal interessieren, wer heute Abend mehr Sex hat. Das junge Hochzeitspaar oder die beiden."

„Meinst du, die steigen nachher noch in die Kiste, die haben sich doch gerade erst kennengelernt?"

„Klar."

„Was meinst du, gehen die zu ihm oder zu ihr?"

„Schwer zu sagen. Sie sieht nicht so aus, als würde sie einen wildfremden Mann mit nach Hause nehmen."

Und das tat sie auch nicht. Sie löste sich plötzlich aus den Fängen des Holzfällerhemdes, um sich kurz bei Ihren Freundinnen zu verabschieden und steuerte fast überhastet den Ausgang an.

„Der ist einfach zu hart rangegangen", war die Schlussfolgerung der Brünetten.

„Schau mal, jetzt ist er auch noch so dreist und läuft ihr hinterher."

„Ja, aber sieh doch, sie hat ihren Schal vergessen."

Als er auf dem Parkplatz vor der Gaststätte ankommt, sieht er sie gerade wegfahren. Beherzt springt er in sein Auto und fährt ihr hinterher bis zu ihrem Haus im *Altbohl*. Er beobachtet, wie sie ihre Tür aufschließt und hineingeht. Unentschlossen sitzt er in seinem alten VW Golf und überlegt, wie er sich jetzt verhalten soll. Es hat begonnen zu schneien. Die Flocken tänzeln im Licht der Straßenlaterne, so wie die Gedanken in seinem Kopf. „Soll ich klingeln? Soll ich den Schal in ihren Briefkasten werfen? Eigentlich hätte ich den Schal ihren Freundinnen mitgeben können." Er wollte sein Objekt der Begierde nicht noch mehr belästigen. Es war ihm inzwischen klar, dass er zu weit gegangen war Die Presse um Donald Trump, in welcher der US-Präsident *grab pussy* als ein Kavaliersdelikt abtat, war ihm wohl zu Kopf gestiegen. Er schämte sich. Dann gab er sich einen Ruck, ging zur Haustür und klingelte.

Kurz darauf wurde ihm geöffnet. Vor sich sah er eine abgeschminkte Frau mit einem breiten weißen Stirnband im Haar, das Gesicht schmalzig glänzend von Revitalisierungscreme. Dazu einen rosafarbenen Frottee-Schlafanzug und Plüschtigerhausschuhe.

„So gefällst du mir am besten", sagte er schlagfertig. Er drückte ihr den Schal in die Hand, drehte sich mit einem breiten Grinsen um und ward nie mehr gesehen.

20. Der Satirebildhauer

Europafieber.

Pleite-Griechen, Geld statt Gott.

Das Kleid verpfändet.

https://de.wikipedia.org/wiki/Peter_Lenk#/media/File:Lenk-Europa-Radolfzell-Wikimedia.jpg

21. Begegnungen im Weltkloster

Petra war Wahl-Radolfzellerin. Sie hatte vor einem Jahr mit ihrem Mann ein Reihenhaus in der *Nordstadt* bezogen. Nachdem sie sich gemütlich eingerichtet hatten, begannen sie regelmäßig Spaziergänge an der Hafenmole zu unternehmen und bis auf die *Mettnau Halbinsel* hinausspazieren. Die Bodenseeromantik wurde für das Ehepaar aber sehr bald fad, da weder Guido noch Petra sich um einen Freundeskreis bemüht hatten.

Der Sommer war vorbeigegangen, die Besuchswelle der Verwandten hatte abgeebbt und es war nebelig und einsam um das Ehepaar geworden. Da sie beide sehr verschieden waren, gingen sie sich zeitweise richtig auf den Keks. Guido war ganz in seinem Element. Er hatte vor, neue Fenster einzubauen und das Bad zu renovieren. Zusammen mit Petra hatte er im Herbst die Pflastersteine auf dem Zugangsweg zum Reihenhaus neu verlegt und bei dieser Aktion auch gleich Rabattensteine gesetzt. Petra pflanzte anschließend noch Tulpenzwiebeln für das Frühjahr, doch danach war ihr Teil an den Verschönerungsarbeiten getan. Meinte sie. Guido gab ihr aber noch weitere Aufträge. Sie sollte die Diele streichen und ihm helfen, neue Internetkabel zu verlegen. Petra entzog sich so gut sie konnte mit der Entschuldigung, dass sie das Bild für ihren Volkshochschulkurs fertig malen wollte. Den Kunstlehrer fand sie schrecklich, da er ausschließlich die Maltechniken der alten Schule verfolgte und sie kein bisschen zu fantasievollem Malen inspirierte. Das war aber immer noch besser, als ständig unter der Fuchtel von Guido Renovierungsarbeiten leisten zu müssen, auch wenn diese für ihr Haus wertsteigernd waren.

*

Im November eröffnete sich ein potentieller Lichtblick. Ruth, die Nachbarin, fragte Petra, ob sie zur Meditation ins *Weltkloster* mitkommen wolle. Für die kommenden zwei Wochen hatte sich ein buddhistischer Mönch angekündigt. Jeden Abend um halb acht würde es im 2. OG einen Meditationskurs geben.
Da Guido seine abendliche Zeit vor der Glotze mit Rotwein, Nachrichten und Dokus verbrachte, war dies für Petra eine willkommene Abwechslung. Sie bezog ihre aktuellen Informationen als treue Leserin des *Südkuriers* aus der Zeitung. Sie hasste es, am Abend den Horror der ganzen Welt aus der Flimmerkiste auf sich einprasseln zu lassen. Das führte

bei ihr zu Schlafstörungen, ja manchmal regelrecht zu Albträumen. Die Meditation würde sie zur Einkehr führen, sie ganz neu inspirieren und außerdem ihren nachbarlichen Kontakt zu Ruth verbessern.

*

Am ersten Abend stellte sich der Mönch mit einem Vortrag über sein Leben vor. Dazu zeigte er einen Videofilm. Er war Kölner, der ursprünglich teils evangelisch, teils jüdisch erzogen worden war, dessen Eltern sich aber Mitte der 70er Jahre zum Buddhismus gewendet hatten. Als er sieben Jahre alt war, besuchte der Dalai Lama das Kölner Buddhismus Zentrum und identifizierte ihn als die Reincarnation eines Mönchs aus Lhasa.

Mit vierzehn Jahren wurde er aus diesem Grund von seinen Eltern in ein Kloster in Nepal geschickt.

„Der Arme, so weit weg von zu Hause", sagte Ruth auf dem Heimweg.

„Ja, ich hätte auch Probleme, mein Kind an ein Kloster in einem fremden Land abzugeben, selbst wenn es noch so erleuchtet wäre", bestätigte Petra.

*

Am nächsten Abend begann die erste Meditationssitzung. Der kleine Raum im Obergeschoss des Weltklosters war so überfüllt, dass manche Teilnehmer noch nicht einmal ein Meditationskissen bekamen. Der Erleuchtete saß mit seinem grauen Rollkragenpullover ruhig da und war in eine braune Fleecedecke gehüllt. Er hatte nichts weiter dabei als eine Miniklangschale, die er auf ein Minikissen aus buntem Stoff gestellt hatte, und eine graue Digitaluhr. Sein Kopf war rasiert wie der eines Mönchs, obwohl er jetzt ein weltliches Leben führte. Seine Augen waren klitzeklein. Petra fragte sich, ob das davon komme, dass man sie jahrelang halb geschlossenen hält, um zu meditieren.

Der Mönch hieß weltlich Leeor. Er erklärte, dass die heutige erste Meditationszeit 10 Minuten andauern werde, damit die Teilnehmer, welche zum ersten Mal dabei seien, nicht überfordert sind. Man solle seinen Kopf frei machen. Es sei normal, wenn Gedanken auftauchten. Man solle sich ihnen nicht versperren, weil man sonst nur verkrampfen werde. Es sei besser, innerlich zu sagen, „Hallo du Gedanke, willkommen, ich kann dich jetzt nicht gebrauchen, gehe weg." Mit dieser Methode werde man locker bleiben. Im Verlauf der nächsten zwei Wochen würden dann sukzessive immer weniger Gedanken im Kopf auftauchen. Der Mensch denke

so circa 60.000 Gedanken am Tag. Das sei normal. Das Gehirn sei immer aktiv. Man solle es einmal pro Tag in den Urlaub schicken und ihm erlauben, nichts zu tun. „Schließen Sie jetzt Ihre Augen, lassen Sie aber einen kleinen Spalt offen, damit Sie nicht einschlafen. Atmen Sie ein . . . und aus. . . . Finden Sie Ihren Rhythmus. Machen Sie Ihren Kopf leer. . ."
Nach zehn Minuten breitete sich der helle Ton der Miniklangschale im Raum aus. Langsam öffneten die Teilnehmer ihre Augen. Der Mönch lud sie ein, über ihre Meditationserlebnisse zu berichten. Es kamen die üblichen Kommentare über die Gedanken, die nicht erwünscht seien, wie man sie am besten los werden könne, dass man unter ihrer Wiederkehr leide und wie schwierig es sei, den Kopf leer zu machen. Petra bewunderte den Lehrmeister ob seiner Gelassenheit. Er saß da wie ein Guru mit seinem kleinen Buddhabauch, hatte seine Augen so wenig geöffnet, dass es beinahe unklar war, ob er meditierte oder ansprechbar war und beantwortete in Ruhe alle Fragen.
Petra kannte die Zen-Meditation bereits. Sie hatte vor fünfzehn Jahren an einem Schweigeseminar mit Workshop teilgenommen. Die ganze Diskussion langweilte sie. Dafür war sie aber mit sich selbst beschäftigt. Ihr Atem war nicht zur Ruhe gekom-

men, ganz im Gegenteil. Sie hatte sogar hyperventiliert. Außerdem hatte sie so stark geschwitzt, dass ihr Bäche von Wasser den Rücken heruntergelaufen waren. Unter der Brust war sie so nass, dass sich Ihr BH völlig aufgeweicht anfühlte. Sie meldete sich, um dem Mönch diese ungewöhnliche Erfahrung mitzuteilen, mal abgesehen vom aufgeweichten BH. Daraufhin antwortete er schnöde, dass es wohl gut sei, dass sie nur zehn Minuten meditiert hätten, sonst würde jetzt der ganze Raum unter Wasser stehen. Eine richtige Antwort darauf, was ihre körperlichen Symptome verursacht hatte, bekam Petra an diesem Abend noch nicht. Sie würde sich diese aber am Ende der zwei Wochen selber geben können und sehr überrascht sein.

*

Auf dem Heimweg sprudelte Ruth nur so vor Begeisterung von dieser Meditationsstunde. Sie liebte die Ruhe, welche der Mönch verströmte und fand ihn wegen seines verschmitzten Lächelns äußerst sympathisch. Sie ging bereits regelmäßig am Dienstag zur Mönchin Dawa, was ihr auch sehr gut tat. So ein zweiwöchiges Intensiverlebnis am Stück, mit viel Yang Karma, würde es eventuell für sie leichter machen, das Meditieren als gute Angewohnheit in ihren Tagesablauf einzugliedern.

Petra fand die tatsächliche Meditationszeit von zehn Minuten zu kurz. Sie hatte damals drei Mal zwanzig Minuten am Stück meditiert. Diese wurden von zwei dreiminütigen Gehpausen zum Beine vertreten unterbrochen. Sie fand das ganze Sprechen über das Meditieren sinnlos. Das Wort Gelaber vermied sie aus Respekt für Ihre Nachbarin. „Tun ist besser als reden", sagte sie aber dennoch mit der Inbrunst der Überzeugung. Trotzdem entschied sie sich, dem Mönch eine Chance zu geben.

Am nächsten Abend sollten die Teilnehmer eine Blume in ihrem Brustkorb visualisieren, genau an der Stelle an der das Herz sitzt. Auch dieses Mal war die reine Meditationszeit zehn Minuten. Petra bevorzugte das Meditationsbänkchen, während Ruth es sich auf einem Kissen bequem machte. Zwei ältere Damen saßen auf Stühlen. Das geht auch.

Am darauffolgenden Abend war die Aufgabe, sich in der Blumenblüte noch eine Perle vorzustellen. Den Abend danach ließ Petra dann ausfallen. Sie hätte Zeit gehabt, doch sie brauchte eine Pause von den ewigen Diskussionen. Für sie waren diese kontraproduktiv. Sie wollte sich der Meditation hingeben, stattdessen wurde diese totgeredet. Unter dem Vorwand, lesen zu wollen, entschuldigte sie sich bei ihrem Mann, zog sie sich in ihr Schlafzimmer zurück und meditierte eigenständig für zwanzig Minuten.

Am Nachmittag des Folgetages begegnete sie Leeor überraschenderweise auf dem Marktplatz. Sofort meldete sich ihr Gewissen. Sie begrüßte ihn freundlich und entschuldigte sich für ihr Fehlen, ohne dieses jedoch zu begründen. Dann fragte sie nach, welche Meditationsaufgabe er gestern gestellt habe. „Haben Sie Zeit, einen Tee mit mir im *Tiramisu* zu trinken? Ich erzähle Ihnen gerne von meiner Arbeit." Petras Interesse war geweckt. Zum Tee erzählte Leeor, dass er gestern den Deckel einer Wasserflasche dabei gehabt habe. Diesen Deckel galt es an der Stelle des Herzens zu visualisieren. Petra fand das eigenartig. Keine Blume? Keine Perle? „Nein", sagte er, „darum geht es gar nicht. Es geht nur darum, die Aufmerksamkeit auf eine einzige Sache zu lenken. Das kann der Atem sein oder irgendein Gegenstand. Wenn man dies tut, kann man an nichts anderes mehr denken. Das ist das Ziel." Petra fand heraus, dass Leeor mit seiner Familie in der Kölner Innenstadt lebte und dort an der Philosophischen Fakultät lehrte. Über seine Universitätskontakte war er mit dem *Weltkloster* in Berührung gekommen. Er war nach dem Abitur für einige Semester Student in Harvard gewesen, wo er seine Frau kennengelernt hatte. Sein Hobby war Eishockeyspielen, was er verletzungsbedingt länger nicht gepflegt hatte. Deshalb habe er jetzt einen kleinen Buddhabauch, sagte er mit seinem verschmitzten Lächeln. Petra war sehr beeindruckt von seiner Offenheit und empfand diesen Nachmittag als enorme Bereicherung ihres tristen Alltags. Sie nahm sich vor, im kommenden Jahr mehr zu unternehmen. Sollte Guido doch alleine mit seinem Rotwein vor der Glotze verrotten.

*

Petra freute sich auf den heutigen Meditationsabend, den sie jetzt mit ganz anderen Augen sah. Kaum hatte sie die Augen bis auf einen kleinen Spalt geschlossen, da begann sie wieder zu schwitzen und zu hyperventilieren. Verflixte Kiste dachte sie. Das darf doch nicht wahr sein. Was ist mit mir los? Wieder ergossen sich Bäche entlang ihres Rückens und wieder war ihr BH durchweicht. Dieses Mal versuchte sie, die Luft anzuhalten. Es gelang ihr kaum. Der Atemantrieb war einfach zu stark. Sie hätte sich gerne mitgeteilt, behielt das Erlebnis aber für sich, da es ja offensichtlich keine befriedigende Antwort von Seiten des Mönches gab. Die Schar der Anhänger, die Leeor jedes Mal nach der Meditation umringten, war inzwischen abgeebbt.

Er begrüßte Petra deshalb heute persönlich. Ruth wollte wissen, ob er nächstes Jahr wieder nach Radolfzell kommen würde. Leeor wusste es noch nicht sicher, sagte aber, dass er es auf seiner Facebookseite posten würde. „Facebook habe ich leider nicht", bedauerte Ruth. „Dann können Sie die Information sicher irgendwann über das *Weltkloster* bekommen."

Am selben Abend noch sendete Petra eine Facebook Freundschaftsanfrage an Leeor. Diese wurde mit einer Rückantwort belohnt. „Wollen wir am Wochenende zusammen einen Spaziergang machen?" Klar wollte Petra. Sie fühlte sich geehrt, dass ein Professor aus Köln ihr seine Zeit widmen wollte.

*

Am Sonntag war der monatliche Besuch bei der Schwiegermutter angesagt. Diese wohnte 170 km entfernt in Stuttgart. Petra hasste diese Sonntage, quälte sich aber seit Jahren Guido zuliebe. Einmal im Jahr täuschte sie eine Migräne vor, um dem Besuch zu entgehen. Diesen Sonntag beschloss sie, als Grund einfach Lustlosigkeit anzugeben. Es war, als hätte sie einen Weckruf von ihrem eigenen Leben kommen. Sie wurde von ihren deutlich spürbaren

Bedürfnissen wachgerüttelt und wollte sich nicht mehr vom Leben der Anderen beeinflussen lassen, um geliebt zu werden. Sie war bereit, sich dem Unmut ihres Mannes zu stellen und sie war bereit, als schlechte Schwiegertochter beschimpft zu werden. Für einen Nachmittag mit Leeor wollte sie alles in Kauf nehmen, denn im Gespräch mit ihm würde sie aufleben und sich selbst spüren.

Es kam, wie es kommen musste. Guido machte einen riesigen Aufstand. Petra blieb sich aber treu, und Guido fuhr alleine zu seiner Mutter.

*

Es war einer der kurzen Sonnentage Mitte November, wenn es schon um fünf Uhr dunkel wird. Das Wetter war mild und der Himmel leicht bewölkt. Petra und Leeor trafen sich vor dem *Weltkloster* und spazierten die Scheffelstraße entlang Richtung *Mettnau Halbinsel* bzw. *Strandcafé*.

Petra vermied es, ihn über seinen Werdegang zum Mönch und zurück in das weltliche Leben zu fragen, da sie davon ausging, dass er zu diesem Thema von vielen Menschen befragt wurde und ihn diese Konversation langweilen würde. Sie erschloss sich den Zugang zu Menschen lieber über Fragen nach ihren Vorlieben, nach Orten, welche sie bereist hatten oder nach Lebenseinstellungen. Ist ihr Gesprächspartner optimistisch? Was empfindet er als gerecht? Welche Rollen werden ihm zuteil und wie füllt er sie aus? Was sind seine Lebensziele? Wie definiert er Glück? Auf die Frage, welche persönlichen Ziele Leeor bis zum Sommer erreichen wolle, antwortete er: „Mich unsichtbar machen und mich teleportieren können. Petra lachte. „Beam me up, Scotty." Sie erinnerte sich an ihre Kindheit und die Fernsehsendung *Raumschiff Enterprise*. Dann fügte sie hinzu, dass sie am liebsten durch die Zeit reisen würde. Sie hätte gerne ihren Urgroßvater kennengelernt, der aussah wie *Benedict Cumberbatch*.

Einen großen Teil des Weges sprachen Petra und Leeor über Kindererziehung, denn er war Papa eines Teenagers und sie hatte einen erwachsenen Sohn, der in München promovierte. Petra hätte gerne noch mit Leeor einen Tee im *Tiramisu* getrunken, doch es kam anders.

*

Als sie in der Abenddämmerung wieder vor dem *Weltkloster* standen, trafen sie Frau Sandeman, welche Vorsitzende des Weltkloster Trägervereins ist. Spontan bat sie Leeor um eine Stunde seiner Zeit, da sie mit ihm die Neuerungen für die kommende Woche besprechen wollte. Professor Karl Sandeman, der ein Nachfahre des Theologen Robert Sandeman ist, hatte sich angekündigt. Sie wollte mit ihm ein Konzept erarbeiten, um Menschen bei der Sinnsuche für das Leben im interreligiösen Dialog behilflich zu sein. Auch Erkenntnisse aus Kunst und Wissenschaft sollten einfließen. Hierzu wollte sie Leeors Meinung hören. Natürlich musste er Frau Sandemann sofort zusagen. Er verabschiedete sich förmlich, aber mit einem Augenzwinkern von Petra. Die Enttäuschung war ihr wohl ins Gesicht geschrieben.

*

Traurig legte Petra sich mit einer Tasse Tee und ihrer Kuscheldecke zu Hause auf's Sofa und dachte nach. Dann begann sie zu hyperventilieren und zu schwitzen, so wie bei ihrer ersten Meditation mit Leeor. Und jetzt erinnerte sie sich. Sie erkannte eine Situation wieder, die tief in ihrem Gedächtnis vergraben gelegen hatte. Es war der Abend ihres ersten Dates mit ihrer Winterliebe Oliver. Damals war sie mit ihren Eltern zum Skilaufen in Corvara gewesen und hatte sich für einen Abend mit diesem Franzosen aus dem Skikurs in der Hotelbar verabredet. Als sie sich im Bad ihre Wimpern tuschte war dasselbe passiert. Sie hatte sich eine Plastiktüte vor das Gesicht gehalten und versucht ruhig zu atmen. Meine Güte, das war ja Ewigkeiten her. . . ‚Habe ich mich etwa in Leeor verliebt?', fragte sie sich ungläubig. Dann kippte sie einen Schluck Rum in ihren Tee und schlief bald darauf ein. Sie träumte wirr, dass sie auf einem Schimmel im Prinzessinnenkleid in einer Zirkusmanege herumgaloppierte. Sie hielt einen Blumenstrauß in der Hand und winkte den Zuschauern zu, welche sie laut bejubelten. Sie fühlte sich großartig. Dann kam Guido und weckte sie unsanft, weil er Hunger hatte.

Der Alltag war zurück. Schweigend aßen sie Hawaii-Toast und Salat. Pünktlich um acht Uhr schaute er die Nachrichten an und dann kam der Tatort. Weil es Petras Lieblingsteam aus Münster war, schaute sie mit.

*

Petra und Ruth gingen am folgenden Freitagabend zu Leeors letzter Meditation. Petras Herz raste vor Aufregung, doch Leeor nochmals unter vier Augen zu sprechen war unmöglich.

Letzte Chance. Am Samstagabend besuchten die Nachbarinnen das Seminar von Freyja und Karl

Sandeman — nicht verwandt und nicht verschwägert —, um sich über die Konzeption des *Weltklosters*[22] zu informieren. Es war gleichzeitig Leeors letzter Abend. Die Veranstaltung war sehr gut besucht und Leeor stand mit den Sandemans im Mittelpunkt des Interesses. Sogar die Presse war da. Händeschütteln, Smalltalk, Interviews und Blitzfotografie für den *Südkurier*.

Petra wollte das Ende des Medienrummels noch abwarten, doch Ruth war müde und drängte darauf nach Hause zu gehen. Petras Herz schmerzte, doch sie ließ sich nichts anmerken. Ihr einziger Trost war, dass Leeor im nächsten Jahr wiederkommen würde.

Auf dem Heimweg ermunterte sie sich. Jeder Schritt, der sie vom *Weltkloster* entfernte, brachte sie gleichzeitig einen Tag näher zu ihrer nächsten Begegnung diesem außergewöhnlichen Mann.

„... na dann Tschüss, bis zum nächsten Jahr."

---

[22] http://www.radolfzell.de/bausteine.net/f/10304/Obertorklein_out.swf?fd=2.

22. Die Kurklinik

Gleich zu Beginn seines Aufenthaltes begegnet Hans Castorp der attraktiven 28-jährigen Russin Madame Clawdia Chauchat, der „kirgisenäugigen" Gattin eines höheren Beamten aus Dagestan. Sie ist verheiratet, trägt aber keinen Ehering, da dieser für sie „etwas Abweisendes und Ernüchterndes" an sich hat und „ein Symbol der Hörigkeit" ist. Am Mittagstisch fällt sie regelmäßig durch ihr Zuspätkommen, lautes Türenschlagen, das Drehen von Brotkügelchen und ähnliche Unarten auf, so die Schilderungen in Thomas Manns „Zauberberg" aus dem Jahre 1924.

Auch in der Kurklinik gab es eine solche Dame, doch sie fiel anders auf. Schon zum Mittagessen plante sie ihren großen Auftritt. Schwarzes Minikleid, schwarze Feinstrumpfhose und schwarze Lederstiefel mit zwölf Zentimeter hohen Absätzen. Ihre Figur war makellos, doch sie zog trotzdem die 1400-Kalorien-Diät durch, welche die Ernährungsassistentin, Frau Sattler, ihr wohl genehmigt hatte. Sie hatte weder einen außergewöhnlichen Namen noch war sie „kirgisienäugig"; deshalb nennen wir sie zunächst Lieschen Müller, doch nur ganz kurz, denn sie erhielt von den weiblichen Kurgästen sehr schnell den Spitznahmen *die Männermordende*. Nein, weder aus Eifersucht noch aus Stutenbissigkeit, sondern als Hommage an ihre Art, sich zu benehmen. Das kam so: An ihrem ersten Abend in der Kurklinik kannte Lieschen Müller noch niemanden. Sie setzte sich deshalb zum Essen an den Tisch von Eva und Daniela, die bereits seit einer Woche Frau Sattlers Diätplan folgten. Die Kommunikation verlief ziemlich einseitig. Frau Müller, heute noch relativ unauffällig, in Pepitahose und schwarzen Pulli gekleidet, stellte sich vor. Besser gesagt, sie stellte sich dar. Sie berichtete, dass sie aus Bonn stamme, verheiratet und kinderlos sei und mit ihrem Mann gerade ein Buch über die deutsche Ökonomie verfasse. Dieses wolle sie während der Kur noch fertigstellen, weshalb sie ihren Laptop dabei habe. Sie sei in den ersten fünf Tagen der Kur deshalb kaum zu sehen gewesen, doch jetzt sei das Familienprojekt fast beendet. Sie habe heute Abend auch nicht viel Zeit, da sie noch mit ihrem Lektor telefonieren müsse. Ihre dezidierte Art zu dozieren und ihre Körpersprache strahlten eine gewisse Überheblichkeit aus. Immer wieder warf sie ihre langen braunen Haare in den Nacken und setzte ihr Honigkuchengrinsen auf, das ein herablassendes Wohlwollen vermittelte, nach dem Motto: Ihr könnt ja froh sein, dass ich mich mit euch überhaupt abgebe. Eva und Daniela tauschten Blicke aus, die verrieten, dass sie sich bezüglich des Sympathiewerts von Frau Müller einig waren. Lieschen bemerkte aber in ihrer Selbstgefälligkeit nicht, wie unbeliebt sie sich gerade machte.

Am nächsten Abend analysierten Eva und Daniela gerade den enormen Nutzen, den ihre Kur für sie hatte, als Frau Müller den Speisesaal betrat. Daniela winkte sie an ihren Tisch, weil sie sich für ihr Buch interessierte und ihr eine zweite Chance geben wollte, doch Lieschen Müller ignorierte sie komplett und setzte sich an den letzten freien Platz eines Männertisches. Dort spielte sie die Grande Dame, gestikulierte großartig, warf wieder ihre Haare in den Nacken und lachte ab und zu, zu laut. Die Männer waren auf jeden Fall begeistert, nahmen Haltung an und zogen ihre Bäuche ein.

Offensichtlich hatte der abendliche Auftritt seine Wirkung gezeigt. Am kommenden Nachmittag um halb drei stand der Kurspaziergang mit Herrn Rilling, dem Übungsleiter der Herzgruppe, an und Frau Müller hatte im Nu ihren Fanclub um sich versammelt.

Die Kurgäste waren mit dem Bus nach Bodman gefahren und spazierten am See entlang nach Wallhausen, wo der Bus sie dann wieder abholte. Frau Müller brillierte heute im sportlichen Outfit mit norwegischem Design; und mal ganz ohne Eifersucht, sie sah wirklich top aus. Das fand anscheinend auch der sehr laut sprechende Mann, der gerne erzählte, dass er mal im diplomatischen Dienst der Bundesrepublik in Ankara und in Helsinki gewesen sei. Daniela, die das Zimmer neben ihm bewohnte, erzählte Eva, dass er gestern von halb zwölf bis Mitternacht so laut mit seinem Handy telefoniert habe, dass sie kein Auge zugetan hatte. Sie habe sich bei der Stationsschwester beschwert, die ihm dann einen Einlauf verpasst habe. Verbal und durch anale Spülung auch gleich mit Wasser. Das hatte nachhaltig Wirkung gezeigt, denn Daniela wurde danach nachts nie mehr durch lautes Telefonieren belästigt.

*

Um 19:30 Uhr war Vortragszeit. An diesem Abend hielt ein Arzt der Kurklinik einen Vortrag über Mitochondrienmedizin. Eva und Daniela kamen auf den letzten Drücker in den Raum und fanden nur noch einen Platz in der ersten Reihe. Wie zu Schulzeiten waren nur noch vorne Plätze frei, denn wer hinten sitzt hat die Macht, allen anderen ins Genick schauen zu können. So auch die, inzwischen als solche identifizierte, Männermordende. Sie wäre Eva und Daniela gar nicht aufgefallen, wenn sie nicht jäh den Vortrag des Mediziners unterbrochen hätte, indem sie sich eine Flasche stilles Wasser von einem Tisch neben der Projektionswand holte.

Während des Vortrags kamen interessante Fachgespräche auf, besonders durch Patienten, die sich über dieses Thema informiert hatten. Da die Autorin des Ökonomiebuchs offensichtlich Wissensdefizite hatte, meldete sie sich, um zu fragen, ob die Helligkeit des Laptops gedimmt werden könne, denn diese blende ihre Augen. Der arme Arzt versuchte nun fünf Minuten lang, die Helligkeit zu reduzieren. Umsonst. Der Vortrag wurde so grob in seinem Fluss unterbrochen, dass die Luft raus war. Man merkte dem Arzt an, dass diese Aktion sehr stressig für ihn war, denn er wurde ganz hektisch und bekam einen Schweißausbruch.

Eva erzählte Daniela derweil, dass er ihr behandelnder Arzt sei und heute einen 14-Stunden-Tag habe und sicher nach Hause zu seiner Familie wolle. Die „Männermörderin" schaffte es, daraus noch einen 15-Stunden-Tag zu machen, indem sie ihn nach dem Vortrag in ein langes Gespräch verwickelte und nicht locker ließ, sobald er versuchte, sich zu entziehen.

*

In dieser Nacht wurde es wieder laut in Danielas Nebenzimmer. Die Geräusche kamen aber nicht von einem Telefonat. Das war klar. Heute war es der Fernseher. Da es bereits nach zehn Uhr war und Daniela nicht wieder eine schlaflose Nacht verbringen wollte, beschloss sie, das Problem selbst zu lösen. Sie zog sich ihren Bademantel über, ging hinaus auf den Gang und schnurstracks auf die Nachbartür zu. Beherzt klopfte sie an. Drinnen wurde es sofort leise. Weiter tat sich nichts. Wütend hämmerte Daniela jetzt an die Tür. „Machen Sie auf, ich muss mit Ihnen reden." Diese Rücksichtslosigkeit wollte sie sich auf keinen Fall mehr bieten lassen. Jetzt wurde drinnen diskutiert. Aha, es war nicht der Fernseher. Dann gab es einen Schlag und kurz darauf wurde die Tür geöffnet. Daniela traute ihren Augen nicht. Vor ihr stand, mit einem weißen Herrenoberhemd bekleidet, die Männermordende. Beim Blick in den hinteren Teil des Zimmers sah Daniela den Ex-Diplomaten, der sich den Schädel hielt, aber nur leicht verletzt zu sein schien. Daniela räusperte sich verlegen und sagte dann so sachlich wie möglich: „Bitte verhalten Sie sich etwas ruhiger, es ist bereits nach zehn Uhr und ich kann sonst nicht schlafen." Dann trat sie grinsend den Rückzug an.

*

Beim Frühstück ergaben sich neue Erkenntnisse. Die Männermordende saß mit dem Diplomaten allein an einem Tisch nahe der Tür. Eva blieb beim Hereinkommen an Frau Müllers Handtasche hängen, welche achtlos über der Stuhllehne baumelte. Da der Reißverschluss geöffnet war, fiel ein Teil des Inhalts heraus. Ein Lippenstift, eine Packung Taschentücher und eine Pillendose auf der „Lithium" stand. Schuldbewusst bückte sich Eva und half dabei, die Tasche wieder einzuräumen. Dabei erinnerte sie sich an eine Arbeitskollegin, die einmal an Lithium überdosiert und ohnmächtig geworden war. Diese litt unter einer affektiven Psychose, d. h. sie war manchmal total depressiv und hatte dann wieder Phasen der Euphorie, in denen sie in einer Bombenstimmung war, kaum schlief und ihr ganzes Geld verschleuderte.

„Entschuldigung", murmelte Eva schnell und steuerte auf Daniela zu, die an einem Fenstertisch saß. Diese hatte gerade den Lokalteil der Tageszeitung aufgeschlagen. „Schau mal Eva, das ist ja interessant."

Ausgebüchst

Psychiatrie-Patientin noch auf der Flucht

Von einer aus der Psychiatrie geflohenen Frau am Bodensee fehlt noch immer jede Spur.

„Die Fahndung läuft auf Hochtouren mit zahlreichen Beamten und Suchhunden", sagte ein Polizeisprecher. Die 43-jährige hatte am Montag in ihrem Zimmer im Zentrum für Psychiatrie Reichenau ein Feuer gelegt und den Brand zur Flucht genutzt. 60 Patienten des akademischen Lehrkrankenhauses der Universität Konstanz konnten unverletzt auf andere Stationen verlegt werden. Es entstand ein Schaden von rund 200.000 Euro. Es gebe keine Anhaltspunkte, dass die Frau eine Gefahr für die Bevölkerung darstelle, betonte der Polizeisprecher. Die 43-jährige war wegen einer manischen Phase eingewiesen worden.

Jetzt dämmerte es bei Eva.

„Du, Daniela, ich habe einen Verdacht. Was ist, wenn die Männermordende diese Patientin ist?"

„Wie kommst du denn darauf?"

„Wegen des Lithiums in ihrer Handtasche. Das nimmt man bei Manie ein. Die Packung war noch ganz voll. Sie hat es bestimmt eigenmächtig abgesetzt."

„Ach, rede doch keinen Quatsch."

„Was ist, wenn sie gar keine Patientin hier ist? Sie hat letzte Nacht beim Diplomaten verbracht. Wahrscheinlich deshalb, weil sie kein eigenes Zimmer hat?"

„Glaub ich nicht."

„Wir müssen sie im Auge behalten!"

Die Frauen brachen zur Frühgymnastik auf, dann war Rückenschule angesagt. Nach dem Mittagessen war es Zeit für einen Mittagschlaf und um halb drei wurde wieder mit Herrn Rilling gewandert. Nach dem Abendessen gingen die Frauen wieder zu einem Vortrag.

„In Heideberg verliert man sein Herz, in der Radolfzeller Kurklinik seine Pfunde", sagte der prominente Geschichtsprofessor, der als Gastreferent einen Vortrag zur 750-jährigen Stadtgeschichte von

Radolfzell hielt. „In der Nachkriegszeit wog ein durchschnittlicher deutscher Mann 59 kg. Ja, 59 kg!"

Verspätet platzte die Männermordende herein. Sie grüßte Eva und Daniela natürlich nicht, obwohl sie direkt an ihnen vorbeiging. Mit großen Schritten bahnte sie sich auffällig ihren Weg zu einem freien Platz, der zwischen zwei Männern lag. Sie setzte sich so breitbeinig hin, dass ihr kurzer Rock nach oben rutschte und den Blick auf ihre Oberschenkel freigab. Dann zappelte sie herum, stand auf, holte sich Wasser und unterbrach den Vortrag, um zu fragen, ob man die Heizung herunterstellen könne, ihr sei zu warm. Nach dem Vortrag ging sie zum Professor und unterbrach schonungslos seine Konversation mit dem Chefarzt der Kurklinik, der sich für die spannende Darstellung der Stadtgeschichte bedanken wollte. Das war ein Fehler. Eva und Daniela hielten sich im Hintergrund, bis die Gäste den Raum verlassen hatten und schritten dann zur Tat.

„Herr Chefarzt, wir wollen nicht aufdringlich sein, doch wir haben da einen Verdacht..."

Die Frauen hatten Recht. Es gab gar kein Lieschen Müller, die Patientin in der Kurklinik war. Die Polizei schickte ein Fahndungsfoto an den Chefarzt und danach bekam die 43-jährige Patientin ein eigenes Zimmer; allerdings nicht in der Kurklinik von Radolfzell.[23]

---

[23] http://www.mettnau.com

23. Philosophischer Spaziergang am See

Brigitte und Renate hatten sich über ihren Beruf als Buchhändlerinnen kennengelernt. Die rundliche Brigitte kümmerte sich um das Kinderbuchressort bei *Buch Greuter* und die zarte Renate arbeitete in der *Traditionsbuchhandlung am Obertor*. Sie war für die Auswahl an italienischen Geschenkpapieren, kunstvoll handgebundenen Büchern und Alben, hübschen und lustigen Kladden, Bastelbögen sowie Post- und Geschenkkarten zuständig.

In diesem Jahr gingen beide in Rente und entschieden sich für einen Jour fixe zum Wandern, um ihren Kontakt regelmäßig zu pflegen und sich fit zu halten. Brigitte wollte ihren hohen Blutdruck beherrschen und Renate ihre Rückenschmerzen in den Griff bekommen. Die Frauen vermieden es aber, über ihre Wehwehchen zu klagen. Stattdessen verfolgten sie eisern ihren salutogenetischen Ansatz nach dem Motto: Wer sich für gesund hält, ist auch gesund. Sie liebten die frische Luft und waren sich einig, dass der Mensch fast nirgendwo seine Gedanken so gut schweifen lassen kann, wie unter freiem Himmel. Dieses Szenario nutzten sie, um sich über Kunst und Kultur auszutauschen. Sigmund Freud hätte mit Sicherheit gelästert, dass sie auf diese Weise ihr nicht vorhandenes Sexualleben sublimierten. Vielleicht hatte er sogar Recht, denn Renate war seit neun Jahren solo und Brigitte hatte sich gerade von ihrem Mann getrennt, weil sie es zu Hause mit ihm nicht mehr aushielt, jetzt, da sie nicht mehr zur Arbeit flüchten konnte. Doch Freuds Analyse hätte die Freundinnen nicht großartig gekümmert. Sie hatten ganz andere Themen.

*

An diesem sonnigen Wintertag starteten sie ihren Ausflug in *Möggingen*, wollten den *Mindelsee* umrunden und anschließend im *Gasthaus Adler* einkehren.

„Weißt du, wir werden immer älter und haben in diesem Leben nicht mehr so viel Zeit", startete Brigitte die Konversation. „Ich überlege mir genau, wie und womit ich meine Tage verbringe und setze gezielt Prioritäten. Ich habe viel erreicht und muss mir nichts mehr beweisen. Ich möchte für meine Enkelinnen da sein. Denen kann ich stundenlang beim Spielen zuschauen und bin einfach nur glücklich."

„Das ist wie Meditation. Wenn du ihnen zuschaust, dann denkst du an nichts anderes. Dann bist du im

Hier und Jetzt. Du lauschst nicht mehr der Stimme in deinem Kopf. Du weißt schon, diese oft lästige Stimme, welche ständig mit dir spricht. Wenn du Kinder beobachtest, sind die wiederkehrenden Denkmuster einfach weg. Dann durchbrichst du den Teufelskreis im nicht enden wollenden Gedankenstrom, trittst aus dem negativen Gedankenfluss heraus und bist in einer neuen Dimension des Seins.

Das ist der Anfang vom Ende des unfreiwilligen Denkens, der Beginn der Gegenwärtigkeit."

„Ja, Renate, da hast du Recht. 90 % unserer Gedanken sind nicht nur überflüssig, sondern sogar schädlich. Sie stressen und machen krank. Seitdem ich mich von meinem Mann getrennt habe, führe ich ein friedliches und erfülltes Leben. Das ging aber erst, als ich dafür bereit war, von dem Probleme schaffenden in den Probleme lösenden Modus zu wechseln."

„Wie kommst du klar mit der Einsamkeit?"

„Ich nenne es nicht Einsamkeit. Ich nenne es Stille. Es ist sehr angenehm, wenn ich das gesamte Energiefeld meines Körpers in der Stille spüre. In meiner psychischen Zukunft habe ich früher persönliche Dramen konstruiert. Das ist jetzt vorbei. Ich versuche, in der praktischen Zukunft zu leben, indem ich die Treffen mit dir plane oder eine Reise. Ich möchte zum Beispiel im nächsten Jahr mit meinem Cabrio in die Provence fahren."

„Wusstest du, dass *Kögel-Touristik* immer qualifizierte Reisebegleiter sucht? Ich spreche etwas Italienisch. Vielleicht begleite ich mal eine Reise in die Toskana."

„Das ist eine geniale Idee. So etwas würde mich auch interessieren. Ich spüre jetzt so eine Lebendigkeit in meinem Körper, so eine Freiheit. Ich habe viel zu lange mit der Trennung von meinem Mann gewartet, aus lauter Angst vor der Zukunft."

„Wahrscheinlich hast du die Vorstellung alleine zu wohnen als schlecht bewertet. Ich wohne schon lange alleine und liebe es. In dem Augenblick, als ich es damals im Sinne der Aufhebung meines Leidens in der Partnerschaft erwählt hatte, konnte ich meinen Weg gehen."

„War dein Schmerz niemals so groß und deine Trauer so stark, dass du sie als unerträglich empfunden hast?"

„Nein, nicht ab dem Moment, als ich mich aus der Opferrolle gelöst hatte. Doch leider bin ich danach immer wieder in die Opferrolle gerutscht, zum Beispiel mit Günter, zu dem ich vor zwei Jahren den Kontakt abgebrochen habe. Er ist ein Schulfreund gewesen, verheiratet, mit zwei Kindern. Immer wenn er Probleme hatte, hat er mich angerufen. Das ging so weit, dass er mir kurz zum Geburtstag gratuliert hat und anschließend eine Stunde lang über seine Blähungen referierte. Er begann damit, dass er nachts jetzt alleine schläft, um seine Frau nicht zu belästigen und endete damit, dass er morgens zwei Stunden Vorlaufzeit auf der Toilette braucht, bevor er aus dem Haus gehen kann. Du kannst dir gar nicht vorstellen wie detailverliebt er zu diesem Thema berichten konnte. Ich habe unter ihm gelitten und habe mich ständig selber bemitleidet. Weil er zu den Blähungen auch noch Krebs bekam, habe ich mich nicht getraut, ihn in die Wüste zu schicken."

„Er hatte doch eine Frau, warum hat die ihm nicht beigestanden?"

„Genau. Das habe ich mir dann auch gesagt. Ich habe ihm lange genug zugehört und ihn bedauert. Doch dann bin ich auf den Dreh gekommen, dass ich mein eigenes Glück suchen muss.

Ich habe in Günter Erfüllung, Wertschätzung und Liebe gesucht, doch ich habe gelernt, dass ich nur sein seelischer Mülleimer war und dass der wahre Reichtum in mir drinnen liegt."

„War der Günter nicht total sauer auf dich?"

„Ja Brigitte, war er. Ich wollte mich entziehen, doch er hat nicht locker gelassen. Er hat sogar immer dann angerufen, als er wusste, dass ich am Sonntagmittag im ARD *Presseclub* schauen wollte. Da war er sich sicher, dass ich zu Hause war. So hat sich die Situation zunehmend verschärft. Meine Klarheit bekam ich dann über Nacht. Da hatte ich im Schlaf eine tiefe Verbindung zu den Dimensionen meines Seins. Ich habe mein inneres Gleichgewicht gefunden und den Gedankenstrom des schlechten Gewissens unterbrochen. Es ist so wie du sagst. Ich habe erkannt, dass ich nicht mehr viel Zeit in diesem Leben habe und die möchte ich für mich nutzen und nicht als Fußabtreter, selbst wenn es ein langjähriger Freund ist. Ein Mensch, der dich nur mit seinen Themen quält und dir nicht zuhört, ist kein Freund."

„Du hast Recht. Uns selber Aufmerksamkeit zu schenken hat nicht unbedingt etwas mit Ego zu tun oder mit der Vermehrung des eigenen Wertes. Es ist oftmals einfach nur gesund."

„Entschuldige, wenn ich dich unterbreche, aber schau mal, die schöne Sonnenbank dort, und der Typ der darauf sitzt sieht auch ganz gut aus. Lass uns neben ihm platznehmen."

„Du, Renate, wenn er frei ist, gehört er aber mir."

„Wieso dir Brigitte? Du bist doch offiziell noch verheiratet."

24. Im Seniorenheim

"Jedes Altenheim hat seinen eigenen typischen Geruch", pflegte ein in der Altstadt praktizierender Hausarzt vor 30 Jahren zu sagen. „Ich könnte jedes Heim im Umkreis mit meiner Nase sofort wiedererkennen." Im 21. Jahrhundert ist das, Dank Klimaanlagen und starken Dunstabzugshauben, nicht mehr so. Die Bewohner haben sich auch geändert. Die Generation, welche den Ersten Weltkrieg miterlebte, existiert quasi nicht mehr. Das Personal trägt zwar immer noch weiße Arbeitskleidung, doch der individuelle Touch ist angesagt. Ganz extrem sehen wir das bei Kim, Auszubildende, 19 Jahre alt. Sie wechselt im Rhythmus von vier Wochen komplett ihre Haarfarbe. Mal rot, mal blau, mal grün mit einer gelben Strähne. Sieben Piercings sind im Kopfbereich sichtbar. Ein Augenbrauenpiercing links, ein Nasenpiercing, ein Lippenpiercing an der Unterlippe rechts und vier Ohrlöcher. Das Zungenpiercing haben wir nicht mitgezählt und die anderen am Körper versteckten Piercings, zum Beispiel das in der Brustwarze, auch nicht.

Unter den Bewohnerinnen hatte Kim eine Verehrerin, welche ihren flippigen Stil mochte. Die Bewohnerin Rosemarie Weber hatte es sich zum Spaß gemacht, Kims Haarsträhnen zu sammeln und auf ihren Jahreskalender mit Tesafilm aufzukleben.

Jedes Mal, wenn die Farbe wechselte, durfte sie eine kleine Strähne abschneiden. Sie sammelte bereits im fünften Jahr.

*

Rosemarie W., Jahrgang 1935, zeigt deutliche Anzeichen von Demenz. Heute zum Beispiel gab es zum Mittagessen Putenbrust in Sahnesoße mit Selleriegemüse und Kartoffelbrei. Als Kim Frau Weber dreißig Minuten später fragte, ob es gemundet hatte, fragte Rosemarie: „Welche Putenbrust? Ein Roc de Belame, 2015, würde mir jetzt munden. Ich liebe die Weine des Pays D´Oc."

Frau Weber war eine weltoffene, gebildete Dame, hatte Stil und war in ihrem Leben weit gereist. Das ein oder andere Kleinod hatte sie als Erinnerungsstück mitgebracht, doch kein Mitbringsel übertraf ihre geliebte Bernsteinkette aus Sankt Petersburg. Ein Erbstück ihrer Frau Mama zur Erinnerung an das verschollene Bernsteinzimmer. Dazu passend hatte die Mutter später, in Berlin-Charlottenburg, eine als Margerite gefasste Bernsteinperle in einem Silberring gekauft.

*

Heute war Badetag und Rosemarie W. deponierte ihren Schmuck in der Schublade ihres Nachtischs, wie sie es immer zu tun pflegte. Als sie von ihrem ausgedehnten heißen Bad zurückkehrte, legte sie sich erschöpft ins Bett und schlief ein. Als sie am Nachmittag aufwachte und ihren Schmuck wieder anlegen wollte, war er nicht mehr an seinem Platz. Aufgeregt lief Rosemarie W. zum Stationszimmer, um nach Hilfe zu suchen. Sie war außer sich vor Erregung, doch Kim war heute nicht im Dienst. Stationsschwester Tessa versuchte Frau Weber zu beruhigen, doch sie begann, bitterlich zu weinen und zu schluchzen und hörte nicht mehr auf. Tessa nahm ihre Hand und ging mit ihr aufs Zimmer, um nach dem Schmuck zu suchen. Er war weder im Nachttisch noch im Kleiderschrank. Tessa suchte das Bett ab. Vielleicht war er ja unter dem Kopfkissen gelandet oder unter der Bettdecke? Manche ältere Herrschaften versteckten ihre Wertsachen sogar unter ihrer Matratze, damit sie niemand findet. Fehlanzeige.

„Frau Weber, ihr Schmuck ist bestimmt nur verlegt und taucht bald wieder auf."

Rosemarie fühlte sich nicht verstanden. Sie war so aufgeregt, dass sie sich nicht mehr beruhigen konnte. Ihr Weinen wurde zum Jammern, Klagen und dann zum Schreien. Das Schreien wurde immer deutlicher und lauter, bis es in ein Kreischen ausuferte.

Endlich wurde der ärztliche Notdienst gerufen. Die junge diensthabende Ärztin konnte Rosemarie W. auch nicht mit *Talking Down* beruhigen. Also blieb nur noch der Einsatz einer medikamentösen Therapie. Dies war die einzige Möglichkeit, die Situation zu retten, bevor Rosemarie W. die ganze Station zum Mitkreischen aufmischte. Frau W. bekam eine Beruhigungstablette und wurde nach zwanzig Minuten müde. Sie legte sich in ihr Bett und schlief ganze vier Stunden lang. Dann war der Nachmittag vorbei.

Zur Nacht war Rosemarie W. ausgeschlafen und lag mit ihrem Kummer leise weinend im Bett. Immer wieder stand sie auf, öffnete ihre Nachttischschublade und suchte nach dem Schmuck. Erfolglos.

Endlich am nächsten Morgen hatte Kim wieder Dienst. Heute erschien sie mit pinkfarbenen Haaren. Rosemarie B. war so begeistert, dass sie ihren Schmuck für einen Moment vergaß und um eine Haarsträhne für ihren Kalender bat. Diese klebte sie mit Tesafilm beim heutigen Datum fest. Danach berichtete sie Kim von ihrem Verlust. Diese hatte sich täglich gefreut, den edlen Bernsteinschmuck an Rosemaries Hals zu sehen und war sichtlich schockiert von diesen haarsträubenden Neuigkeiten. „Ich glaube, Tessa glaubt mir nicht, weil ich doch Demenz habe", vertraute Rosemarie W. ihrer Pflegerin an. Kim befürchtete, dass Frau Weber Recht haben könnte und versicherte ihr, dass sie ihr glaube. Sie versprach, sich der Sache anzunehmen.

*

Nachdem Sie sich einen Überblick über die Situation verschafft hatte, kam sie auf eine Idee: Falls tatsächlich jemand den Schmuck unrechtmäßig entwendet hatte, so tauchte er eventuell im Internet bei eBay wieder auf. Also stellte Kim einen Suchauftrag nach Bernstein- schmuck bei diesem Online-Anbieter ein, da sie auf Anhieb das gesuchte Geschmeide nicht fand. Sie versicherte Rosemarie W., die nur eine vage Vorstellung vom Internet hatte, dass sie nicht ruhen würde, bis der Schmuck wieder aufgetaucht war.
Es dauerte genau 14 Tage, dann wurde Kim fündig. Sie begrüßte gleich morgens Rosemarie W. und zeigte ihr die Fotos des Inserats.

„Ja, das ist mein Schmuck," sagte Frau W. beeindruckt.

„Wie kommen diese Bilder auf Ihr Handy?"

„Gute Frage," war Kims Antwort. „Das bekommen wir jetzt heraus."

Versteigert wurde der Schmuck durch *Miezekatze*, welche in Singen ihren Standort hatte. Die räumliche Nähe war wenig verwunderlich für Kim, weil der Schmuck ja aus einem Seniorenheim in Radolfzell stammte. „Wie kann man nur so dämlich sein", dachte sich Kim, „den Schmuck in Radolfzell zu klauen und dann von Singen aus zu vertickern." Doch wie konnte man den Beweis führen, dass dieser Schmuck Eigentum von Rosemarie W. war?

*

Kim ging zu ihrer Bewohnerin und schmiedete mit ihr einen ersten Plan. Auf diese Weise kam die Polizei ins Spiel. Das war ein Spektakel, als ein Herr und eine Dame in Uniform zur Mittagszeit im Altenheim auftauchten. Die Beweisführung war nicht einfach, da Rosemarie W. nur eine handfeste Demenzdiagnose vorzuweisen hatte und Kims pinkfarbenen Haare und die sieben Piercings im Gesichtsbereich auch nicht gerade vertrauenserweckend waren. Da half kein Erklären und Beteuern, die Polizei nahm gerade mal pro forma den Fall auf, sagte aber eindeutig, dass sie da nichts machen könne, weil am Ende Aussage gegen Aussage stünden.

Rosemarie W. war wild entschlossen, jeden Geldbetrag auszugeben, um ihre Schmuckstücke zurückzuerhalten, und Kim gab in ihrem Auftrag das erste Gebot von 50 Euro bei eBay ab.

Dennoch war sie der Auffassung, dass Rosemarie ihren Schmuck rechtmäßig zurückerhalten sollte, ohne dafür zu bezahlen.

*

In dieser Woche kamen die Lehrer der Florence-Nightingale-Schule ins Haus, um die Schülerin Mandy bei der Biografiearbeit zu prüfen. Diese sollte anhand von alten Fotos erfolgen. Rosemarie W. hatte im Schrank eine ganze Schachtel voller alter Schwarz-Weiß-Fotos, weshalb sie als Prüfungsbewohnerin ausgewählt wurde. So saßen Mandy und Rosemarie W. zusammen am Tisch und plauderten über die alten Zeiten. Den Krieg, die Uniformen, die Soldaten, die wehenden Fahnen, sogar eine alte Me 262, auch „Schwalbe" genannt, die Rosemaries Vater geflogen hatte, war zu sehen. Dann tauchte ein Foto der Mutter auf und

Rosemarie W. bekam leuchtende Augen. „Schauen Sie mal, da trägt meine Mutter den Bernsteinanhänger und den Margeriten Ring." Die Schülerin verstand nicht, worum es ging, doch Rosemarie W. stand sofort auf und rannte davon. „Mandy, das gibt eindeutig Punktabzug", sagte die Lehrerin. „Sie schaffen es ja noch nicht einmal, Frau W. für Ihre eigene Biografie zu begeistern." Die Schülerin brach in Tränen aus.

„Ich habe den Bernsteinanhänger gefunden", strahlte Rosemarie W. beim Eintreffen am Stationszimmer.
„Verstehe ich nicht, der wurde doch angeblich entwendet", sagte Tessa kritisch.
„Auf einem alten Foto, kommen Sie Kim, schauen Sie."
Kim folgte Rosemarie W. in das Gemeinschaftszimmer und war zunächst wegen der weinenden Auszubildenden schockiert. „Was ist denn los Mandy? Ist bei dir alles okay?"
Kim wurde von Rosemarie aber sofort auf das Wesentliche hingewiesen, nämlich das Foto. Diese erkannte eindeutig das Eigentum von Frau Weber.
„Dieses Foto ist ein Beweisstück", platzte Kim heraus. Das müssen wir auf jeden Fall der Polizei zeigen. Kim wollte das Foto an sich nehmen, als die

Lehrerin es schnappte: „Das Foto bleibt hier. Was soll das?"

„Darüber können sie nicht bestimmen! Das Foto ist Eigentum von Frau Weber!"
„Zuerst ist das Foto aber Teil unserer Prüfung!", sagte die Lehrerin scharf.

Kim und die Lehrerin zogen so lange an dem Foto hin und her, bis es in der Mitte zerriss.

„Sie haben ein polizeiliches Beweisstück zerstört", schrie Kim aufgebracht.

„Sie haben sich in unsere Prüfung eingemischt", sagte die Lehrerin in deutlichem Ton zurück.

„Sie sind Schuld, wenn der Dieb nicht verurteilt wird", empörte sich Kim.

„Nein, Sie sind Schuld, dass wir Mandy heute die Prüfung nicht abnehmen können", konterte die Lehrerin.

Das Ganze ging hin und her, bis Rosemarie Weber in Ohnmacht fiel. Jetzt wurde die Stationsleitung herbeigerufen. Blutdruckmessung, Blutzuckermessung, Kopfkissen unter dem Kopf, Wärmeerhalt. Dann kam Frau Weber wieder zu sich. Sie musste eine Adalat-Kapsel zerbeißen. Danach war ihr Blutdruck wieder bei 130/90 mmHg.

Kim, die assistiert hatte, nahm ruhig die beiden Einzelteile des Fotos an sich und klebte sie mit Tesafilm im Stationszimmer wieder zusammen. Nach ihrem Dienst fuhr sie mit ihrem Motorrad zur Polizeiwache. Dort fragte sie nach, ob das Foto als Beweisstück gelten könne. Zu diesem Zweck rief sie nochmals das eBay-Inserat auf, um den Vergleich glaubhaft belegen zu können.

„Die *Miezekatze* schnappen wir uns", sagte die Beamtin.

„Das Foto beweist, dass eine demente Oma und eine pink gefärbte Punkerin Recht haben", entschied ihr Kollege POM Fritz, und am selben Tag noch wurde die *Miezekatze* überführt. Es war eine Besucherin im Nachbarzimmer von Frau Weber gewesen.

25. Das Sterben will geordnet sein

Der Bodensee ist wunderbar. „Wenn dies mein letzter Moment auf Erden wäre, könnte ich jetzt beruhigt sterben", dachte die 54-jährige Stefanie, während sie am Wasser unterhalb der Konzertmuschel auf den neu angelegten Stufen saß. Sie hatte eine Kastanie aufgehoben, diese in ihre Tasche gesteckt und benutzte sie jetzt als Handschmeichler, während sie den Sonnenuntergang an diesem Spätherbsttag genoss. Ihre Gedanken wanderten zu dem neu angelegten *Radolfsbrunnen*. Sie war zu der Ansicht gekommen, dass der Schriftzug nach links abfällt. Um zu verifizieren, dass ihre Wahrnehmung stimmt, wollte sie in den nächsten Tagen mit einer Wasserwaage zurückkommen.

Doch jetzt genoss sie die Sonne, welche noch deutlich wärmte, wie das beim Altweibersommer zu erwarten ist. Natürlich war sie mit 54 Jahren noch kein altes Weib, aber ihre Eltern waren in die Jahre gekommen, hatten ihr Testament gemacht und verschenkten ab und zu ihre Habseligkeiten, weil sie damit rechneten, dass sie nicht mehr lange leben würden. „Wer soll mal unser Grab pflegen?", fragten sie ihre Tochter, „Es hat doch keiner Zeit." —

„Am besten wir bestellen eine Grabplatte, dann muss niemand zum Blumengießen kommen", war die logische Konsequenz ihres Vaters.

Stefanie, die lange in den USA gelebt hatte, träumte davon, dass ihre Asche nach amerikanischem Brauch an einem Ort in der Natur ausgestreut werden solle. Dies ist aber nach deutschem Bestattungsgesetz nicht zulässig. Bei einem Gespräch mit einer Radolfzeller Altenpflegerin wurde ihr klar, dass es die Möglichkeit gibt, sich in der Schweiz feuerbestatten zu lassen. Dann können die Angehörigen die biologisch abbaubare Urne mitnehmen und im Bodensee versenken.

*

Als Stefanie einige Wochen später der Flyer eines lokalen Bestattungsunternehmens in die Hand fiel, nahm sie Kontakt auf und machte einen Termin aus, um ihren Abschied zu planen. Dafür musste sie all ihren Mut zusammennehmen, denn etwas mulmig war ihr bei ihrem Vorhaben schon. Sie wollte nicht unken und auch kein schlechtes Omen herbeirufen. Diese Angelegenheit war ihr aber wichtig, da sie klare Vorstellungen hatte und so viele Entscheidungen wie möglich selber treffen wollte. Außerdem wollte sie ihre beiden Töchter entlasten, die im Ernstfall der Trauer schon genügend andere Sorgen haben würden.

*

Als sie die Stufen zu dem grauen Gebäude hinaufstieg, war sie gespannt, ob sie den Bestatter wohl mögen würde. Immerhin war er ja in Zukunft für ihre sterblichen Überreste verantwortlich. Als ein schlanker, schwarzhaariger Mann, der ca. zehn Jahre jünger war als sie, öffnete und ihr herzlich die Hand schüttelte, war sie zunächst beruhigt. Sie wurde in das Büro hineingebeten, setzte sich an einen großen Holzschreibtisch und schaute sich um. Vorranging waren Regale mit Urnen zu sehen. „Aha", dachte sie „davon werde ich mir nachher wohl eine aussuchen." Diese Annahme stimmte nicht ganz.

„Ist es ungewöhnlich, dass Menschen in meinem Alter ihre eigene Beerdigung planen?"

„Ja, durchaus. Das habe ich in meiner Laufbahn bisher erst ab einem Alter von Ende siebzig erlebt. Sind Sie unheilbar krank?"

„Keineswegs, ich bin quietschfidel. Ich habe nur konkrete Vorstellungen von meiner Beerdigung und würde manche Dinge gerne offiziell festlegen. Ich habe zwar mit meinen beiden Töchtern schon darüber gesprochen, dass ich eingeäschert werden möchte, doch ich habe noch weitere Wünsche und sicher ist sicher."

„Okay, ich habe hier ein Formular. Bitte füllen Sie Ihre Personalien aus. Das ist der erste Schritt, um ihren Wünschen näherzukommen."

Nachdem Stefanie die Aufgabe erledigt hatte, las der Bestatter den Fragebogen durch. „Aha, Sie sind Beamtin und unverheiratet. Da sind Sie ja eine richtig gute Partie. Haben Sie einen Freund?", witzelte er mit einem Augenzwinkern. Das lockerte die Stimmung auf und nahm die Spannung aus Stefanies Körper. Sie ging aber nicht weiter auf diese Frage ein, sondern kam gleich zur Sache:

„Ich bin hier, weil ich in den Bodensee möchte, wenn ich mal eingeäschert bin. Wie würde das ablaufen?"

„In Deutschland ist Bestattungspflicht. Das heißt, dass wer hier eingeäschert wird, auch hier unter die Erde muss. Unser alter Stadtfriedhof wurde 1965 seinem Zweck entwidmet und der Bevölkerung als Parkanlage zur Verfügung gestellt. Seither haben wir den *Waldfriedhof*, der sich über 8,4 Hektar erstreckt. Jährlich finden dort circa 200 Bestattungen statt.[24] Da dieser aber nicht ihr finales Ziel

---

[24] Südkurier Nr. 20 | R, 25.1.2017, S. 19.

ist, werde ich mit Ihnen zum Krematorium in die Schweiz nach Winterthur fahren. Da Sie dann ja juristisch keine Person mehr sind, gilt ihr Personalausweis nicht für die Einreise in die Schweiz. Ich werde also an der Grenze einige Formalitäten erledigen. Damit langweile ich Sie jetzt aber nicht. Schauen Sie mal, das hier ist das Krematorium in Winterthur. Gefällt es ihnen?"

Stefanie betrachtete idyllische Fotos eines Gebäudes mit großen Glasfenstern, durch welche man von innen die sonnenbeschienenen Bäume der umliegenden Parkanlage sehen konnte. Es sah alles ganz friedlich aus.

„Da gibt es auch eine kleine Halle für eine Trauerfeier, wenn Sie das möchten."

Der vorwiegend mit Holz ausgestattete und in taubenblauer Farbe gehaltene Raum erschien ihr perfekt, um ihre Töchter mit Schwiegersöhnen, und eines Tages auch Enkel und Urenkel, zu empfangen. Sie stellte sich vor, dass nur die Familie und allerengste Freunde kommen sollten.

„Und nach der Trauerfeier können meine Töchter die Urne dann mitnehmen?"

„Ja. Für Ihren Zweck gibt es nur dieses biologisch abbaubare Tonmodell hier. Das können Ihre Angehörigen im Bodensee versenken."

„Gut, dann möchte ich für die Urne noch einen weißen Rosenschmuck. Zum Leichenschmaus soll meine Familie mich noch mitnehmen und dann geht's ab in den See."

„Klingt gut. Wollen Sie eine Zeitungsanzeige?"

„Nein danke, ich bin Minimalistin."

„Wollen Sie eine amtliche Nachricht in der Zeitung? Die kostet nichts."

„Nein, auch nicht."

„Das nenne ich mal konsequent. Übrigens wussten Sie, dass Ihre Angehörigen einen Haufen Geld sparen.

Die Preise für ein Urnengrab sollen von 400 Euro auf ganze 936 Euro erhöht werden."

„Sterben ist offensichtlich teuer. Wo wir schon dabei sind, kann ich für die Einäscherung eigene Kleidung tragen oder muss ich so ein hochpreisiges Nachthemd kaufen?"

„Eigene Kleidung geht, möglichst aus Baumwolle."

„Dann nehme ich meine Lieblingsjeans und eine weiße Bluse. Übrigens, wenn ich meinen Schwiegersohn ärgern will, sage ich immer, dass ich auf seinen Kaminsims will."

„Haha, da muss er sich aber keine Sorgen machen, denn derzeit ist es in Deutschland gesetzlich noch nicht zulässig, Kremationsasche zu Hause zu lagern.

„Dann könnte ich ihn ja mit einer Diamantbestattung aufziehen. — Ich, an der Kette seiner Ehefrau. Das wäre für ihn das absolute Horrorszenario."

„Eine Diamantbestattung im engen Sinne ist in Deutschland grundsätzlich auch nicht zulässig, weil die Asche ja wieder zu Hause gelagert werden würde. Sie wird aber geduldet und angeboten, wenn der Wunsch des Verstorbenen zu belegen ist. In der Schweiz und den Niederlanden ist auf Grund einer anderen Gesetzeslage eine Diamantbestattung möglich. Deshalb muss für Deutschland die Asche des Verstorbenen in Länder gebracht werden, in denen die „Transformation" als ordentliche Bestattung akzeptiert wird. In diesem Fall wird die Aschekapsel per Post an den auswärtigen Bestatter geschickt und von einem Spezialunternehmen bearbeitet. Es wird allerdings nur der amorphe Kohlenstoff aus der Asche verwendet.

Danach verbleibt dann immer noch eine Substanzmenge, die gesetzeskonform beigesetzt werden kann."

„Wie groß sind die Diamanten, die bei dieser technischen Kristallzüchtung entstehen?"

„0,4 bis ein Karat. Das sind 80 bis 200 Milligramm."

„Eventuell würde das ja sogar für meine beiden Töchter reichen, haha."

„Ihre Überlegung stimmt, aber die ethischen Grundsätze der *International Cremation Federation* besagen, dass die Asche einer Person grundsätzlich unteilbar ist."

„Nun gut, das war ja auch eher ein hypothetischer Ausflug in die Zukunft. Gibt es noch etwas zu bedenken?"

„Von meiner Seite ist alles klar. Ich bereite Ihre Unterlagen soweit vor und sende sie Ihnen zu. Sobald Sie einverstanden sind, unterschrieben haben und mir die Dokumente wieder zukommen lassen, können Sie Ihre Wünsche schon fast als erfüllt betrachten."

R uhmreich

A temberaubend

D ynamisch

O riginell

L ichtdurchässig

F arbenfroh

Z eitgemäß

E infallsreich

L eidenschaftlich

L egendär

... RADOLFZELL.

Über die Autorin:

Dr. Claudia Bignion ist seit dem 29. Juli 2012 amtlich als Zellerin registriert.

Sie engagiert sich als Kulturschaffende seit 2013
- an der VHS
- bei der Kulturnacht
- in Kooperation mit der Stadtbibliothek und
- bei der Aktionsgemeinschaft Radolfzell e. V..

Bücher & CDs von Dr. Bignion:
- Alzheimer mit Leidenschaft. Vom Wissen zum Wohlbefinden
- Alzheimer mit Leidenschaft. Charmante Geschichten. (Hörbuch)
- Fehler, Frust, Freitod
- Der Papst und der menschliche Körper.

Ärztin | Pädagogin | Autorin

http://www.bignion.eu/

Demenzgeschichten, gelesen von
Dr. Claudia Bignion und Rainer Obrowski

Alzheimer mit Leidenschaft
Geschichten mit Charme

CLAUDIA BIGNION

Audio CD
7,99 Euro

Bildnachweis:

- http://www.clker.com/
- Claudia Bignion